THICK
data

씩 데이터

THICK data

빅 데이터도 모르는 인간의 숨은 욕망

백영재 지음

테라코타

일러두기

'thick data'를 '두꺼운 데이터' 또는 '중층 데이터'로 번역하면 big data와의 대응 관계
가 잘 드러나지 않고, '씩 데이터'로 음차 표기를 하면 본래 뜻을 전달하기 어려워진다.
따라서 이 책에서는 용어를 번역하거나 한글로 음차하지 않고 'thick data' 'big data'라
고 표기하기로 했다. 같은 이유로 흔히 '중층 기술'이라고 번역하는 'thick description'
도 영문 그대로 표기했다.

측정할 수 있는 것이 항상 가치 있는 것은 아니다.
What is measurable isn't the same as what is valuable.

트리시아 왕(인류학자)

인간의 가면을 쓴 big data에서
인간의 얼굴을 한 thick data로

구글에 근무하던 시절, 모교 경영대학원의 초청으로 '비즈니스와 인류학의 만남'을 주제로 강연을 한 일이 있다. 내가 문화인류학 박사라는 인문학 배경으로 어떻게 비즈니스 업계에서 커리어를 만들어가고 있는지 설명하고, 인문학은 사람을 탐구하는 학문이라는 점에서 절대 비실용적일 수 없으며 우리 실생활에 긴밀하게 쓰이고 있음을 강조한 강연이었다. 며칠 후 강연을 들었던 학생 한 명이 메일을 보내왔다. 자신을 영문학과 출신이라 소개한 그는 그간 '영문학 전공해서 앞으로 뭐 해 먹고 사느냐'라는 주변 시선에 위축되고 자격지심도 있었는데, 내 강연을 듣고서 인문학이 자신만의 독특한 스토리, 든든한 배경이 될 수 있음을 깨달아 용기가 났다고 했다.

2000년대 초반부터 기업의 창의성을 높이려면 인문학적 소양이 필요하다는 목소리가 커지고 있다. 챗GPT가 연일 화제를 모으고 있는 최근에는 인공지능 기술이 약진할수록 역설적으로 인간다움에 주목해야 하며 인문학이 그 해답이라는 진단이 나오고 있다. 이런 의견에 반대하진 않지만, 인문학이 오늘날의 기업 환경에 왜 필요하고, 어떻게 활용할 수 있는가에 대해서는 구체적으로 활발한 논의가 이뤄진 적이 없어 늘 안타까웠다.

이 책은 나의 이런 오랜 문제의식에서 시작됐다. 한편에선 여전히 인문학이 필요한 시대라고 외치지만, 현실에선 많은 인문학 전공자가 STEM(과학·기술·공학·수학)이나 경제·경영 전공자들과의 경쟁에서 밀릴까 두려워하고 있다. 왜 이런 간극이 생겼을까.

- 첫째, 인문학계는 사실 비즈니스를 잘 모른다.
- 둘째, 많은 기업에서 상품 및 서비스의 개발과 마케팅에 인문학적 상상력의 도움을 받으면서도 이런 사실을 부정하거나 깨닫지 못하고 있다.

나는 예일대학교에서 인류학 박사 학위를 받은 이후로 지난 20여 년간 맥킨지앤드컴퍼니, CJ, 블리자드 엔터테인먼트 코리아, 구글, 한국필립모리스 등 유수의 기업에서 일해 왔다. 나는 이러한 커리어가 '인문학 전공자임에도 불구하고'가 아니라 '인문학 전공자이기 때문에' 가능했다고 생각한다. 인류학자들은 자신을 '주변인marginal man'으로 규정한다. 한 집단을 연구할 때 객관성을 잃지 않으면서 그 구성원들에게 깊이 공감하기 위해서는 외부인이자 내부인, 즉 주변인의 시선을 굳게 지켜야 한다. 주변인의 정체성으로 나는 지난 20여 년간 인류학과 비즈니스라는, 언뜻 연결고리가 없어 보이는 두 세계를 탐험하며 둘 사이를 오가는 길을 발견하고 단단하게 다져왔다. 이 책은 나의 이런 여정을 담은 인류학적 기록이자 비즈니스 보고서라 할 수 있다.

Part 1에서는 다임러크라이슬러, 인텔, 레고, 넷플릭스, 제록스, 제너럴모터스, 마이크로소프트, 닛산, 코카콜라 등 세계 초일류 기업에서 왜 인류학자를 채용하는지 그 이유를 밝힌다. 제품이나 서비스의 질 못지않게 소비자 경험이 중요해진 오늘날에는 소비자를 더 깊이, 더 잘 이해하는 기업만이 살아남을 수 있다. 인류학은 철학적 배경으로는 문화 상대주의, 문제접근법으로는 총체적 접근, 연구방법론으로는 참여관찰로 설명될 수 있는데, 이 세 가지 인류학적 시각을 비즈니스에 접목하면 소비자에 관한 심층적인 이해를 제공하는 정교한 렌즈가 된다. 또한 인류학은 인류가 어디쯤 와 있고 어디로 갈지 통찰력을 제공하는 학문이라는 점에서 기업의 현재를 진단하고 미래를 예측하는 효과적인 도구로도 활용된다.

Part 2에서는 '21세기의 신' 또는 '현대판 점쟁이'로 불리는 big data가 실은 반쪽짜리 진실에 불과하며 이를 보완하려면 인문학적 이해에 기반한 thick data에 주목해야 한다는 주장을 펼친다. 소비자는 정통 경제학에서 전제하듯 논리적이고 합리적인 존재가 아니다. 소비자의 판단은 대개 불합리하고 유동적이며 불안정하고, 그들의 진정한 욕구는 드러나지 않고 늘 깊숙이 숨겨져 있다. 따라서 소비자를 깊이 이해하기 위해서는 그들의 실제 경험, 행위에 담긴 맥락과 의미를 알아내야만 한다. big data가 '무엇을 얼마나'에 관해서만 설명할 수 있다면, thick data는 '어떤 맥락에서 왜'에 관해 말해 준다. '왜' 그 일이 벌어졌는지, 어떤 제품이나 서비스가 왜 성공했고 왜 실패했는지 알아야만 실패에서 벗어나고 성공을 이어갈 수 있다. 미래를 예측할 힌트는 언제나 '무엇'이 아닌 '왜'에 있고, 바로 이것이 넷플릭스, 아디다스, 레고 등의 초일류 기업들이 thick data에 주목하는 이유다.

그렇다면 누가 어떤 방법으로 thick data를 수집할 수 있을까. thick data는 인류학자가 현장에서 관찰한 일을 기술할 때 그 고유 맥락과 상황을 함께 드러냄으로써 연구 대상을 더 구체적이고 풍부하게 묘사하는 thick description에서 따온 말이다. 그러나 thick data는 인류학자들의 전유물이 아니다. thick data 수집에 필요한 것은 인류학 자체가 아니라 문화 상대주의, 총체적 접근, 참여관찰 등 인류학적 시각과 접근법이다.

thick data를 모으는 구체적인 방법론에 대해서는 Part 2에서 소개한 THICK 프레임워크를 참고하길 바란다. THICK 프레임워크란 문화 상대주의에 근거해 낯섦에 관대하게 접근하는 Tolerance, 관찰을 통해 소비자의 숨은 욕구를 찾는 Hidden Desire, 극단적인 소비자와 나만의 자문단을 적극 활용하는 Informants, 소비자의 말이 아닌 총체적 맥락에 주목하는 Context, 참여를 통해 소비자에게 공감하는 Kindred Spirit 등 다섯 가지 방법론을 의미한다.

이런 방법들로 thick data를 수집해 통찰력 있는 가설을 세웠다면 이를 big data로 검증해야 한다. 소비자의 인적 사항, 구매 내용 등의 데이터가 곧 big data라고 착각하는 기업이 많은데, thick data로 얻은 가설을 증명하려면 이미 보유하고 있는 big data 외에 필요한 데이터를 더 적극적으로 모으는 작업을 수행해야 한다. 이렇게 가설 검증까지 마치고 나면 최종적으로 smart data를 끌어낼 수 있다.

smart data란 thick data로 얻은 가설이 big data의 검증을 거쳐 기업의 실질적인 의사 결정과 구체적인 액션으로 전환된 정보를 가리킨다.

Part 3에서는 THICK 프레임워크로 얻은 thick data를 제품 및 서비스의 완성도와 브랜드 충성도를 높이는 데 구체적으로 어떻게 활용할 수 있는지 애플, 아이디오, 할리데이비슨 등의 사례를 통해 살펴본다. 통찰력 있는 아이디어를 관대하게 수용하고 빠르게 실행하여 개선하기 위해서는 변화와 혁신에 익숙한 기업문화가 전제돼야 한다. 그런 의미에서 의사소통 체계가 수평적이고, 모든 직원이 창의적인 아이디어를 낼 수 있으며, 다양성을 수용하는 기업문화를 갖추는 일이 무엇보다 중요하다는 사실도 강조했다.

많은 사람이 big data로 인간의 숨은 욕망을 해석하고 들여다볼 수 있다고 말한다. 그러나 big data를 아무리 많이 수집한들 그것은 그저 숫자일 뿐 한 인간의 총체적인 모습은 아니다. 오직 thick data만이 big data가 매끈하게 정규화, 표준화하느라 의도적으로 외면한 인간의 실제 경험, 진짜 얼굴을 보여 준다. 이 책이 비즈니스 현장에서 thick data를 논의하고 더 많이 활용하는 계기가 되길 진심으로 바란다.

본문에서 여러 번 반복해 강조했지만, 나는 인류학만이 이 모든 일을 가능하게 하는 도구라고 생각하지 않는다. 비즈니스 분야에 더 많은 인류학자가 필요하다거나 인류학 학위가 중요하다고 말하려는 것도 아니다. 소비자를 이해하는 일에 인류학적 시각을 포함한 더 다양한 시선이 필요하다는 것이 내가 궁극적으로 전달하고자 하는 바다. 다양성의 추구는 급변하는 환경에서 기업을 생존하게 할 동아줄이다. 비즈니스에 인류학적 시각과 인문학적 사고가 필요한 이유이기도 하다.

책이 나오기까지 많은 분이 격려와 도움을 주셨다. 이름을 일일이 열거할 수는 없지만, 모든 분께 진심으로 감사하다는 말씀을 드린다. 특히 이 책의 집필을 처음으로 권하고, 1년 넘는 준비

기간 동안 지속해서 아이디어와 피드백을 줬던 내 인생의 파트너 소영에게 가장 큰 고마움을 전한다. 이 책이 깊이를 잃지 않으면서도 읽기 쉽게 쓰였다면 그건 전적으로 딸아이 덕분일 것이다. 초심자의 관점에서 원고를 읽어 주고 응원해 준 딸 재임이에게도 고마운 마음을 전하고 싶다.

앞으로도 나는 주변인으로서 어린아이와 같은 눈으로 선입견 없이 세상을 바라보며 탐험하려 한다. 이 책의 독자들이 또 다른 주변인으로서 나와 동행해 준다면 더할 나위 없이 기쁘겠다.

백영재

PART 2
Big data가 모르는 진실을 Thick data는 안다

PART 3
Thick data로 어떻게 비즈니스 기회를 발견하는가

Tolerance

Hidden Desire

Informants

Context

Kindred Spirit

소비자를 이해하는
정교한 렌즈, 인류학

비즈니스 이면을 들여다보는
인류학적 시각

맥킨지앤드컴퍼니, CJ, 블리자드 엔터테인먼트 코리아, 구글 등을 거쳐 한국필립모리스까지 명함은 달라졌어도 내 이름 석 자옆에 늘 함께한 단어가 있다.

'인류학 박사'

명함에 군이 인류학 박사임을 밝히는 이유는 처음 만나는 사람과 대화의 물꼬를 트는 데 이보다 더 좋은 대화의 소재가 없기 때문이다. "와, 인류학 전공하셨어요?" 명함을 건네자마자 듣게 되는 이 질문에는 대개 두 가지 의미가 담겨 있다.

첫째, 인류학자는 처음 본다.

둘째, 인류학자가 왜 아프리카 오지가 아니라 서울 한복판, 기업 사무실에 있을까.

상대방의 이런 궁금증에 답하다 보면 초면의 낯설고 서먹한 분위기는 사라지고, 비즈니스 목적의 대화도 술술 풀리곤 한다.

예일대학교에서 인류학을 공부하던 당시만 해도 내가 비즈니스 세계에 들어오게 될 줄은 꿈에도 몰랐다. 학계에 남을 생각으로 학위를 받은 후 1년간 학생들을 가르치기도 했다. 그런데 미국 인류학계에서 자리를 잡기란 하늘의 별 따기와도 같았다. 대학에 인류학과가 드물었던 한국도 사정은 비슷했다. 인류학을 계속할 방법이 없어 고민하던 차에 우연히 지인으로부터 컨설팅 회사라는 게 있다는 이야기를 들었다. 컨설팅이라는 분야를 전혀 몰랐지만, 설명을 들으면 들을수록 인류학과 닮은 부분이 많다는 생각이 들었다.

문제는 컨설팅 회사의 채용 담당자가 나처럼 생각하리란 보장이 없다는 것이었다. MBA 출신 지원자들이 수두룩한 와중에 12년간 인류학만을 공부한 이력이 유리하진 않을 것 같았다. 비즈니스 전공자가 아니지만 내가 가진 전문성을 효과적으로 드러내려면 인류학이 무엇인지, 컨설팅을 포함한 여러 비즈니스와는 어떤 관련이 있는지, 컨설팅에 인류학적 시각이 왜 필요한지 면접 자리에서 충분히 설명할 수 있어야 했다.

인류학人類學, anthropology이란 '인간'을 뜻하는 그리스어 'anthropos'와 '학문' 또는 '지식'을 뜻하는 'logos'가 합쳐진 말로, '인간에 대한 학문'을 의미한다. 인간의 생물학적 측면과 문화적 측면을 다 포괄해 연구하는 만큼 매우 광범위한 학문이라 할 수 있다. 초기에는 서구 학자들에 의한 비서구권 연구가 대부분이었으므로 '인류학은 아프리카나 보르네오 등의 소규모 원주민 마을을 찾아가 그 문화를 연구하는 비실용적 학문'이라는 인식이 강했다. 그러나 이젠 오지가 희귀할뿐더러 인류학자들의 관심이 현대사회에 쏠린 지도 오래됐다.

2020년 7월 7일 자 〈중앙일보〉에 인류학과 관련한 흥미로운 기사가 실렸다. 서울대학교 인문학 석사 논문 '개인 투자자는 왜 실패에도 불구하고 계속 투자를 하는가'가 SNS에서 큰 화제를 모으고 있다는 내용이었다. 이 논문을 쓴 김수현 씨는 2018년 3개월 동안 일명 '매매방'에 자릿세 20만 원을 내고 들어가 그곳의 개인 투자자들과 친분을 쌓고, 증권 방송을 함께 듣거나 주식과 해외선물 등에 투자도 하면서 그들을 관찰하고 인터뷰한다. 기사에서는 저자가 매매방에 매일 '출근'했다고 표현했지만, 인류학에서는 연구할 대상의 공간에 뛰어들어 일상을 함께하며 관찰하고 면담하는 이런 방법을 '참여관찰'이라고 한다. 저자는 참여관찰을 통해, 거듭되는 손실에도 자신만은 끝내 성공하리라는 투자자들의 믿음과 집착이 어떻게 생겨나는가를 심도 있게 탐구한다.

이처럼 인류학과 전혀 상관없어 보이는 현장도 인류학자의 연구 대상이 될 수 있다. 기업은 물론이고, 의료계, 교육계, 문화계, 노동계, 대중문화 현장 등 복잡다단한 현대사회의 모든 측면이 인류학자들의 탐구 대상이다. 바로 지금 여기에서 인류가 어떤 모습으로 어떤 문제에 직면해 있는지 관찰하고, 더 나아가 해법은 무엇이 될 수 있을지 시사점을 도출해 내는 것이 인류학자들이 하는 일이다.

연구 대상을 현대사회로 확장하면서 인류학은 그간 경제학, 경영학, 사회학 등이 점령해 왔던 영역으로 들어오게 됐다. 그러면서 경영인류학, 의료인류학, 디지털인류학 등 초기 인류학에는 없었던 여러 하위 분야가 생겨났다. 이쯤에서 아주 당연한 의문이 하나 떠오른다. 인류에 관한 모든 것을 인류학의 연구 대상으로 삼는다면 처음부터 특정 분야만을 탐구해 온 다른 학문과 과연 어떤 차별점이 있을까. 가령 경영인류학은 경영학과 무엇이 어떻게 다르고 또 같은가. 이에 대한 답은 인류학의 철학적 배경, 문제접근법, 연구방법론에서 찾아야 한다.

'인류학자임에도 불구하고'가 아니라 '인류학자이기 때문에'

|

내가 맥킨지 면접을 준비하면서 가장 공들였던 부분은 인류학이 여타 사회과학과 어떻게 다른지, 동시에 컨설팅과는 어떤 연결고리가 있는지를 쉽게 설명하는 일이었다. 그러기 위해 나는

인류학의 철학적 배경인 문화 상대주의cultural relativism, 문제접근법인 총체적 접근holistic approach, 연구방법론인 참여관찰participant observation, 이 세 가지에 주목했다.

문화 상대주의란 각각의 문화는 그 우열을 가릴 수 없고, 자문화를 중심으로 타문화를 평가해선 안 되며, 그 구성원들이 처한 환경과 역사적·사회적 상황, 가치관에 따라 이해해야 한다는 견해다. 인류학은 곧 다른 문화를 이해하는 학문이라는 점에서 문화 상대주의는 인류학의 가장 중요한 철학적 배경이자 핵심 사상이라 할 수 있다. 문화 상대주의의 관점으로 우리는 자문화뿐 아니라 타문화에도 공감할 수 있으며, 이를 통해 우리 자신의 문화를 되돌아보고 더 깊이 이해할 수 있다. 컨설팅 기업에 이러한 관점을 적용하면, 고객사의 입장에서 문제를 깊이 있게 파악하고 해결책을 발견할 수 있게 된다.

총체적 접근법은 현실을 통합된 전체로 보고 살피려는 자세다. 인류학적 시각으로 보면 정치, 경제, 종교, 생태 환경, 기술 발전, 가족제도 등 인간 사회를 이루는 모든 요소는 총체적으로 연결되어 각기 분리하기 어렵다. 따라서 연구하고자 하는 대상 또한 이러한 요소들과의 관계와 맥락 안에서 파악해야 그 본질에 다가갈 수 있다. 가령 코로나19라는 팬데믹은 의학뿐 아니라 사회경제적 파장, 젠더 문제, 기업문화와 일하는 방식의 변화, 보육과 교육에 끼친 영향 등 다양한 현상을 총체적으로 살펴야 제대로 이해할 수 있다. 이러한 총체적 접근법을 컨설팅 기업에 적용하면, 고객사의 비즈니스 이슈를 재무뿐 아니라 조직, 리더십, 경쟁사, 고객, 세일즈, 마케팅 등 다양한 측면에서 살필 수 있게 된다.

참여관찰은 현지조사fieldwork와 함께 설명돼야 하는 개념이다. 현지조사란 연구자가 연구 대상자의 일상적인 공간으로 들어가 그들의 언어와 관습을 배우고 익히며 가까이에서 그들의 일원으로 참여하면서 관찰하는 방법론이다. 이 과정에서 연구자는 연구 대상자들의 일상과 사회문화적 맥락을 함께 경험한다. 그러면서 외부인인 동시에 내부인의 시선으로, 깊이 공감은 하되 객관성을 잃지 않고 관찰하게 되는데, 이러한 일련의 방법을 참여관찰이라 한다. 현지조사와 참여관찰은 여타 사회과학 분야와 인류학을 구분 짓는, 인류학의 인장과도 같은 연구 방법이라 할 수 있다(요즘은 다른 학문 분야에서도 참여관찰을 활용하는 경우가 많아졌다).

참여관찰 방법론을 컨설팅에 적용하면 고객사에서 그 직원들과 함께 근무하면서 해당 기업의 비즈니스 이슈를 내부인이자 외부인의 시선으로 파악하고 해결할 수 있다. 맥킨지에서는 월요일부터 목요일까지는 컨설팅을 의뢰한 고객사로, 금요일에는 본사로 출근한다. 이는 고객사에서 일하는 4일간은 고객사의 시점, 즉 내부인의 시선으로 문제를 바라보고, 본사에서 일하는 하루는 철저한 외부인의 시선으로 그 문제를 다시 돌아보고 정리하기 위해서다. 이를 통해 고객사의 비즈니스 이슈를 철저하게 내면화해 이해하는 동시에 내부인의 시선에는 보이지 않는 잠재 요인을 외부인의 시선으로 잡아낼 수 있게 된다.

"컨설턴트는 비즈니스 분야의 인류학자다."

맥킨지 면접 자리에서 인류학과 컨설팅이 의외로 많은 접점을 지니고 있음을 밝히면서 마지막으로 내가 힘주어 강조한 말이다. 문화 상대주의, 총체적 접근, 참여관찰 등의 인류학적 시각과 방법론은 컨설팅 기업, 더 나아가 모든 비즈니스에 적용할 수 있다.

요즘 말로 '영혼까지 탈탈 털린' 여섯 번의 면접을 마치고 돌아오면서 설령 맥킨지 취업에 실패한대도 크게 실망스럽진 않겠다고 생각했다. 위에서 설명한, 인류학과 경영 컨설팅의 접점을 정리한 메모 세 장을 완성하는 데 3개월이 걸렸지만 12년간 공부한 인류학을 비즈니스 측면에서 되돌아봤다는 점에서 의미가 컸고, 더불어 내가 이제껏 걸어온 길을 깊이 이해하는 계기도 됐기 때문이다.

얼마 후 맥킨지에서 합격 소식을 전해 왔다. 합격 자체도 기뻤지만, 무엇보다 면접관이었던 파트너 한 분이 앞으로는 인류학자를 많이 뽑아야겠다는 말에 뿌듯했다. 인류학은 비실용적인 학문이 아니며 오히려 비즈니스에 유용하게 쓰일 수 있는 분야임을 내 힘으로 당당히 증명해 낸 것 같아서였다.

첫 직장 맥킨지에 입사 지원서를 쓰던 순간부터 지금까지 나는 '인류학자임에도 불구하고'가 아니라 '오히려 인류학자라서' 비즈니스에 더 유리하다는 사실을 입증하며 일해 왔다. 어쩌면 내 이력서의 한 줄, 한 줄은 내가 인류학을 공부한 덕분에 얻은 기회이자 인류학에 관한 오해에 맞선 투쟁의 결과일지도 모르겠다.

세계 유수의 기업들은
왜 인류학자와 일할까

인류학은 한때 식민 국가들의 문화와 행동 양식에 대한 이해도를 높임으로써 제국주의를 더욱더 공고히 하는 서구인들만을 위한 도구로 활용되어 '제국주의의 시녀'로 불리기도 했다. 그러나 타문화와 인간을 연구하는 학문이라는 태생적 특성으로 인해 인류학은 필연적으로 인간성과 다양성을 존중하는 방향으로 진화할 수밖에 없었다. 따라서 인류학은 현대에도 여전히 유용할 뿐 아니라, 그 중요성이 갈수록 점차 커지고 있다.

인류학의 이러한 쓰임새를 알아챈 세계 초일류 기업들은 인류학이 비실용적인 학문이라는, 고루하고 끈질긴 선입견에 매몰

되지 않고 발 빠르게 인류학자들을 고용해 왔다. 최근 맥킨지에 근무하는 인류학자는 270명에 달한다. 몰락해 가던 레고가 세계 최고의 완구 기업 자리를 탈환하도록 도운 연구팀의 이름은 '레고 인류학자'였다. 다임러크라이슬러는 PT 크루저의 디자인 작업에 저명한 인류학자 클로테르 라파이유Clotaire Rapaille를 참여시켰고, 인텔은 2010년 '상호작용 및 경험 연구소Interaction·Experience Research'를 설립하면서 그 책임자로 인류학자 제네비브 벨Genevieve Bell을 임명했다. 이외에도 제록스, 제너럴모터스, 코닥, 인텔, 마이크로소프트, 닛산, 넷플릭스, 코카콜라 등 수많은 기업이 인류학자와 협업하고 있다.

이러한 유수의 기업들에 왜 인류학자가 필요할까. 제품이나 서비스의 질 못지않게 소비자 경험이 중요해졌기 때문이다. 이는 기업의 운명이 소비자를 얼마나 잘 이해하느냐에 달렸다는 말과 다름없다. 글로벌 시대에 새로운 시장을 개척하려는 기업이라면 더욱 그렇다.

인류학은 소비자들이 일상에서 무엇을 생각하고 궁극적으로 무엇을 원하는지 이해하는 가장 유용한 수단이다. 소비자의 시선으로 그들의 일상을 가까이에서 관찰하고, 소비자가 관계 맺고 있는 복잡한 사회문화적 요소를 총체적으로 고려함으로써 설문조사나 포커스 그룹 인터뷰로는 알아낼 수 없는 소비자의 잠재된 욕구를 파악해 낸다. 이는 소비자의 욕구를 반영한 제품이나 서비스를 기획·개발하고 효과적인 마케팅 전략을 수립할 수 있다는 것만을 의미하지 않는다. 인류학자가 타문화 연구를 통해 자문화를 더 깊이 이해하게 되듯 인류학을 통한 소비자 연구는 소비자에 관한 심층적인 이해를 제공함과 동시에 기업 내부의 프로세스를 최적화하며 궁극적으로는 기업문화를 혁신하고 새로운 가치를 창출하는 데까지 나아간다.

그러나 기업에 인류학적 시각이 필요한 가장 중요한 이유는 따로 있다. 오늘날과 같은 불확실성의 시대를 제대로 이해하고 효과적으로 대처하기 위한 유용한 렌즈가 인류학이기 때문이다. 인류학은 공감과 선입견 없는 관찰, 총체적 접근을 통해 감춰진 이면을 포착함으로써 인류가 현재 어디로 가고 있고, 앞으로 무엇을 향해 갈지 통찰을 얻는 학문이다. 기업의 인류학자들은 현재를 진단하고 미래를 예측함으로써 기업이 미래에 대처하는 정도가 아니라 원하는 방향으로 앞날을 변화시킬 수 있도록 돕고 있다.

한 가지 분명히 밝힐 점은 인류학자만이 이 모든 일을 가능하게 하는 건 아니라는 사실이다. 문화인류학자 그랜트 맥크래켄 Grant McCracken은 "인류학은 인류학자에게만 맡기기엔 너무 중요하다Anthropology is far too important to be left to the anthropologists alone"라고 말했다. 지금 필요한 것은 엄밀히 말해 인류학자라기보다 인류학적 시각이며 이는 인류학 전공자뿐 아니라 누구라도 훈련을 통해 습득할 수 있다.

　내가 뜻하는 인류학적 시각이란 앞서 밝힌 문화 상대주의, 총체적 접근, 참여관찰을 가리킨다. 이제부터 우리는 이 세 가지 인류학적 시각을 통해 비즈니스 세계를 다시 살펴볼 것이다. 그간 너무 익숙해서 간과했거나 너무 낯설어서 보려 하지 않았던 수많은 이면도 새로 발견하게 될 것이다. 그리고 1과 0 사이, 데이터로만 존재하던 소비자와 기업 구성원 들의 진짜 얼굴도 보게될 것이다. 그런 의미에서 다시 한번 강조하면, 인류학은 인류학자들에게만 맡기기엔 너무 중요하다.

문화 상대주의 :
소비자 중심으로 사고하라

한일월드컵을 몇 개월 앞둔 2001년 11월, 프랑스 배우 브리지트 바르도Brigitte Anne Marie Bardot가 개 식용 이슈를 두고 MBC 라디오 〈손석희의 시선집중〉과 인터뷰를 한 일이 있다. 동물보호 단체를 이끌고 있던 브리지트 바르도는 우리나라의 개 식용 및 잔인한 도살 문화를 강하게 비판하며 "개고기를 먹는 한국인은 야만인" 이라고 표현했다. 손석희 앵커가 프랑스에서도 개고기를 먹었다는 기록이 있고, 한국에 온 프랑스인이 개고기를 먹기도 한다고 지적하자 브리지트 바르도는 "프랑스인은 절대 그런 야만적인 짓은 하지 않는다"라며 일방적으로 전화를 끊어 우리 국민의 공분을 샀다.

당시 한국인 대다수가 개고기를 즐겨 먹었느냐 하면 그건 또 아니다. 같은 해 국회의원 20명이 발의한 일명 '개고기 합법화

법안'은 반대 여론에 부딪혀 본회에 상정되지도 못했다. 지금만큼은 아니지만, 당시에도 개 식용을 마뜩잖아하는 사람이 꽤 있었다는 이야기다. 그런데 왜 동물보호를 외치던 브리지트 바르도는 미운털이 박혀야 했을까. 개고기를 먹지 말라고 해서가 아니라 식문화의 특수성과 상대성을 고려하지 않고 '한국인은 미개하고 야만적이다'라는 서구 중심적인 생각을 대놓고 드러냈기 때문이었다.

이듬해 세계적인 석학 움베르토 에코Umberto Eco는 계간지 〈세계의 문학〉과의 인터뷰에서 브리지트 바르도를 '파시스트'라고 비난하며 "어떤 동물을 잡아먹느냐는 문화인류학적인 문제"라고 일갈했다. 그의 말처럼 한 사회가 무엇을 먹고, 무엇을 먹지 않는지는 자연환경, 사회경제적 요건, 문화의 특수성에 따라 결정된다.

미국의 대표적인 문화인류학자 마빈 해리스Marvin Harris는 저서 《음식 문화의 수수께끼The Sacred Cow and the Abominable Pig : Riddles of Food and Culture》에서 힌두교도가 소고기를 먹지 않는 이유를 종교적 신념이 아니라 인도의 환경 및 경제 조건에서 찾아야 한다고 했다. 인도와 같은 소규모 농업 환경에서 소는 밭을 갈고 우유를 제공하는 이로운 동물이므로 잡아먹지 않는 편이 경제적으로 유리한 선택이었다는 것이다.

마빈 해리스의 논리로 설명하면, 농업 사회였던 과거 우리나라에서 개고기는 주요한 단백질 공급원이었을 것이다. 소는 농사에 꼭 필요한 자원이고, 닭에게선 달걀을 얻을 수 있으니 소와 닭은 웬만해선 잡아먹지 않았다. 반면 개는 농사에 도움되지도 않고 소나 닭과 달리 잡식성이라 사람이 먹는 음식을 나눠줘야 했으므로 키우기보다 잡아먹는 편이 더 낫다고 여겼을 수도 있다.

개고기 식용 문화는 우리나라뿐 아니라 여러 나라에서 광범위하게 나타난다. 아시아는 물론 남미와 북미 일부, 프랑스에서도 먹을거리가 부족했던 시절에 생존을 위해 개고기를 먹었다는 기록이 발견된다. 다만 서구에서 먼저 가축의 대량 사육, 반려동물 문화의 확산 등이 시작되면서 개 식용 문화도 우리보다 일찍 종식됐을 뿐이다.

불필요한 논란을 없애기 위해 말하자면, 나는 반려견과 살고 있고 개 식용에 반대한다. 개 식용 문화를 인류학적으로 해석한 것은 각 나라의 음식문화에 우열이 없음을 강조하기 위함이지 개 식용을 두둔하는 것은 결코 아니다.

브리지트 바르도의 사례처럼 문화의 다양성을 인정하지 않으면 다른 세계의 문화는 그저 미개하고 야만적으로 보일 뿐이다. 자기 문화가 다른 문화보다 근본적으로 우월하다고 믿는 자문화 중심주의ethnocentrism는 자기 집단 내의 결속을 강화할 수는 있어도 타문화를 제대로 이해하지 못해 차별과 분열, 갈등을 조장하기 쉽다. 더 심각한 문제는 자문화만을 평가와 판단의 유일한 기준으로 삼는 탓에 자문화를 객관적으로 돌아볼 수 없게 된다는 점이다.

이런 문제를 해결하기 위해서는 각각의 문화는 그 우열을 가릴 수 없고, 맥락과 그 구성원의 가치관에 따라 이해해야 한다는 문화 상대주의의 관점이 필요하다. 이는 인류학의 사상적·철학적 배경이기도 하다. 제국주의 시대 식민지 연구에서 출발한 인류학은 한때 서구 이외의 국가와 문화를 자문화 중심주의의 시각으로 편협하게 바라보기도 했으나, 연구가 거듭되면서 각 문화는 외부인이 아닌 내부인의 시각으로 봐야 하며 타 문화에 대한 이해가 자문화를 이해하는 데도 도움이 된다는 학문적 기틀을 완성하게 됐다. 다양성을 인정하지 않으면 인류학이란 학문은 존재하지 못한다. 인류학에서 문화 상대주의적 시각을 총체적 접근과 참여관찰보다 더 근본적으로 중요하게 여기는 이유다.

문화 상대주의는 인류학뿐 아니라 다른 모든 분야에서도 유용하게 쓰일 수 있다. 문화 상대주의적인 시각이란 나 자신이 아니라 상대방의 관점에서 문제를 다시 보는 것을 가리킨다. 어려운 일이 아니다. 역지사지易地思之의 마음만 잃지 않으면 된다. 이런 시각을 유지한다면 좁게는 가족 관계에서 넓게는 기업이나 국가 간의 문제에 이르기까지 전에는 보이지 않던 새로운 돌파구를 찾을 수 있을 것이다.

그렇다면 문화 상대주의적 시선, 역지사지의 마음이 비즈니스에는 어떻게 적용될 수 있을까. 자문화 중심주의에서 문화 상대주의로 전환하는 것은 곧 기업 중심주의에서 고객 중심주의로, 개발자 중심주의에서 사용자 중심주의로, 본사 중심주의에서 현지 중심주의로 변화한다는 의미다. 기업이 고객을 파악하고, 현지에 성공적으로 안착하는 데 이런 시선이 얼마나 단단한 징검다리가 될 수 있는지 이제부터 하나하나 살펴보기로 한다.

기업 중심주의에서 벗어나면
소비자의 숨겨진 욕구가 보인다

|

맥킨지에서 일하던 시절, 국내 리딩 생명보험사와 협업할 기회가 있었다. 보험과 관련한 고객들의 인식을 개선하고 보험 상품의 신뢰를 높이기 위해 우리는 업계 최초로 컨설팅식 세일즈 consultative sales 방식을 도입하기로 했다. 컨설팅식 세일즈란 상담을 통해 고객의 욕구를 파악하고 그에 가장 알맞은 상품을 권장하는 세일즈 방식을 가리킨다.

당시는 보험설계사가 '보험 아줌마'라는 터무니없는 호칭으로 불리던 때였다. 지인이나 소개받은 사람을 무턱대고 찾아가 판촉물을 안기면서 보험 가입을 끈질기게 권유하는, 부담스럽고 귀찮은 존재라는 인식이 팽배했다. 그러니 고객들도 딱히 도움이 되길 기대해서가 아니라 거절하기가 어려워서 울며 겨자 먹기로 보험 상품에 가입하는 경우가 많았다.

보험에 관한 이런 부정적인 인식을 뒤집으려면 문화 상대주의적인 시각으로, 즉 기업이 아닌 고객의 시선으로 보험이 어떤 역할을 할까에 집중해야 했다. 고객이 보험에 진정으로 바라는 것은 무엇일까. 자기 귀한 시간을 들여 보험 상품 설명을 듣거나 가입을 권유받길 원하는 고객은 없다. 그러나 믿을 수 있는 전문가가 자산 불리기, 내 집 마련, 자녀의 교육·결혼·독립을 위한 재원 마련, 노후 자금 준비 등을 세심하게 계획해 준다면, 그리고 생애 주기에 맞춘 이러한 재무 계획을 보험 상품이 지원해 줄 수 있다면 고객도 기꺼이 시간을 내어 귀를 기울일 것이다. 이처럼 '보험 상품 판매'가 아닌 '컨설팅 서비스 제공'으로 고객에게 접근하는 것이 바로 컨설팅식 세일즈다.

이를 위해 맥킨지와 고객사는 생애 주기에 맞춰 기존 보험 상품을 재정비하는 한편, 일명 '보험 아줌마'로 불리던 보험설계사를 재교육하고 복장 규정을 통해 전문가다운 이미지를 갖추게 했다. 호칭도 FCFinancial Consultant로 바뀠다. 지금은 너무나 유명해진 '○○생명 FC'가 탄생하는 순간이었다.

이렇게 시선을 기업에서 고객으로 조금만 옮기면 고객의 숨은 욕구가 모습을 드러내고 기업이 나아가야 할 방향이 보인다. 그러나 의외로 많은 기업이 이를 잊는 우를 범한다. 특히 우월한 기술력을 보유한 빅테크에서 종종 이런 실수가 나타난다.

'Killed by Google : Google Graveyard'라는, 사장된 구글 서비스들을 모아 놓은 웹사이트가 있다. 일종의 '디지털 무덤'인 셈이다. 이곳에 고이 잠들어 있는 서비스 하나가 2009년에 선보인 웨이브Wave다. 구글 측 설명으로는 이메일, 인스턴트 메시징, 블로그, 멀티미디어 관리, 문서 공유 등의 다양한 기능을 하나로 통합한 협업 및 커뮤니케이션 툴이다. 한마디로 '웨이브 하나면 다 된다'라는 것이다. 그러나 정작 사용자들의 반응은 '무엇에 쓰는 물건인고?'였다. 서비스가 너무나 복잡하고 다양한 탓에 결국 웨이브는 공개 1년 만에 구글 무덤에 묻히는 신세가 되고 말았다.

구글의 회심작, 웨이브가 사망 선고를 피하지 못한 이유는 무엇일까? 웨이브는 모든 기능 하나하나에 놀라운 기술력이 숨어 있는, 그야말로 '어벤져스'와 같은 서비스였다. 가령 웨이브의 인스턴트 메시징은 타이핑하고 있는 내용을 실시간으로 상대방에게 전송해 주는 가히 혁신적인 기술이다. 그러나 이 놀라운 기술은 사용자들을 오히려 불편하게 만들었다. 내 실수와 오타가 실시간으로 상대방에게 전송되니 노벨문학상 수상 작가라도 질색할 만한 기능이었다.

내가 메시지를 쓰는 동안 상대방 화면에는 메시지 작성 중임을 알리는 말 줄임표만 나타나도 충분하다. 사용자가 원하지 않는 기술은 결국 살아남지 못한다. 혁신적인 기술이 때때로 실패하는 건 이렇게 새롭고 놀라운 기술을 소비자가 싫어할 리 없다는 개발자 중심주의에서 벗어나지 못해서다. 이전에 없던 새로운 기술만 생각하다가는 사용자의 욕구를 간과하기 쉽다. 좋은 기술일수록 문화 상대주의적인 관점, 사용자 중심적인 역지사지의 마음이 필요한 이유다.

무늬만 글로벌 기업 VS. 뼛속까지 글로벌 기업

|

중국에서 가장 사랑받는 패스트푸드 체인은 KFC다. 1987년 11월 베이징점에서 시작, 2019년 기준 1,300여 개 지역에 6,534개의 매장을 운영 중이다. KFC가 성공적으로 중국에 안착할 수 있었던 것은 철저한 현지화 전략 덕분이다. 중국은 지역별로 특색 있는 요리 문화가 발달한 나라다. 제아무리 잘나가는 글로벌 프랜차이즈라도 표준화된 제품만으로는 중국 전 지역을 사로잡지 못한다. 이 사실을 잘 알았던 KFC는 중국 전역 현지화가 아닌 지역별 현지화 전략을 치밀하게 세워 시즌마다 지역 특색이 강한 새로운 메뉴를 선보였다. 표준화된 셀프서비스 시스템을 고수하지 않고 중국 소비자들의 정서를 고려해 식탁을 정리해 주

는 서비스를 도입한다거나 매장 인테리어를 바꾸는 등의 노력도 아끼지 않았다. 직원 역시 거의 100% 현지인을 고용하고, 중국 공공사업을 지원하는 등 중국 사회에 이바지하는 기업이라는 이미지 또한 잘 만들어가고 있다.

KFC의 중국 진출 사례에서 알 수 있듯 본사 정책보다 현지 소비자의 욕구를 철저하게 따르는 문화 상대주의적 관점은 글로벌 기업의 현지화 성공을 보장하는 핵심 요소다. 세계 최대의 할인점 월마트Walmart가 한국 시장 공략에 실패하고 8년 만에 물러난 이유는 KFC와 달리 본사 중심주의에서 벗어나지 못했기 때문이다.

미국 소비자들은 할인매장이 집에서 멀리 떨어져 있는 경우가 많아 한 번에 대용량을 구매한다. 그러니 매장 형태는 당연히 천장까지 물건이 꽉꽉 들어찬 창고형이어야 하고, 취급 품목은 신선식품보다는 가공식품이나 공산품 위주가 될 수밖에 없다. 그러나 한국에서는 신선식품 위주로 수시로 장을 보기 때문에 마트의 접근성이 매우 중요하고 대용량 제품을 구매할 이유도 없다. 매대는 눈높이 정도를 가장 선호하며 할인매장에서도 친절한 서비스를 기대한다. 그러나 월마트는 한국에 진출하면서 이러한 문화적 요소를 전혀 고려하지 않았다. 그 결과 한국에서도 외곽에 입지를 정하고 표준화된 냉동식품과 공산품을 주로 취급했으며 저가 정책을 위해 인건비와 운영비를 줄이려고 최소

한의 서비스만을 제공했다.

미국 시장에서의 성공 법칙이 전 세계 어디에서나 통하는 것은 아니다. 특히 대형 할인매장은 현지인의 일상과 매우 밀착한 분야이므로 현지화 전략이 무엇보다 중요하다. 현지 소비자를 고려하지 않으면 시장에서 외면 받는다는 사실을 월마트는 너무 늦게 깨달았다.

이처럼 무늬만 '글로벌'이지 본질적으로는 미국 기업, 유럽 기업에서 벗어나지 못하는 곳이 꽤 많다. 나도 여러 글로벌 기업에서 일하면서 한국 소비자들의 취향과 욕망을 제대로 이해하지 못한 채 본사 방침만 고수하는 경우를 심심찮게 발견했다. 블리자드만 해도 한국을 무척 중요한 시장으로 보고 있지만, 한국 유저들의 취향과 욕망을 완벽하게 파악한다고 보기엔 무리가 있다. 가령 와우WoW, World of Warcraft와 같은 장대한 규모의 게임을 할 때 한국 유저들의 플레이 방식이 미국 유저들과 사뭇 다르다는 사실을 본사는 완전하게는 이해하지 못한다.

미국 유저들이 게임 구석구석을 돌아다니며 체험형 플레이를 한다면 한국 유저들은 최종 보스와 대결해 이기는 목표지향적 플레이를 즐긴다. 그렇다 보니 한국 유저들은 단시간에 파워나 경험치를 올리길 바라는데, 블리자드에서는 파워 아이템을 판매하지 않는다. 게임 세계관 안에서는 돈이 아닌 게임 플레이 실력으로만 인정받게 하겠다는 블리자드의 핵심 가치 'Play Nice,

Play Fair(착하게, 공정하게 플레이하라)'를 지키기 위해서다. 이 때문에 블리자드 팬덤이 더 공고하고 두터워진 것은 사실이지만, 한국 유저들로서는 아쉬움을 느낄 수밖에 없다.

이에 대한 대안으로 나는 한국팀과 함께 경험치를 두 배로 올려 주는 물약 아이템 개발을 본사에 건의했다. 경험치 아이템은 파워 아이템과 달리 본사의 핵심 가치에 반하지 않으면서 한국 유저들에게 조금이나마 더 만족스러운 플레이를 선사할 수 있으리라 믿었기 때문이다. 우리의 거듭된 요구에 본사에서도 마침내 한국 유저들의 특성을 반영한 아이템이 필요하다는 사실에 공감했다. 그리고 이렇게 출시된 물약 아이템은 한국 시장에서 선풍적인 인기를 끌었다.

최근 출시한 한국필립모리스의 가향 담배도 현지화 전략의 대표적인 사례다. 사실 담배 품질에 자부심이 있던 본사는 가향 담배 출시에 회의적이었다. 품질 좋은 담뱃잎이 풍기는 고유의 맛과 향을 왜 인위적인 향으로 가려야 하느냐는 것이었다. 그러나 나는 국내 담배 시장 규모가 정체되는 와중에도 가향 담배 수요는 꾸준히 느는 추세라는 점, 가향 담배에 익숙해진 한국 소비자들은 정통 담배의 향과 맛이 독하다고 여기며 그 냄새로 주변에 피해를 줄까 봐 우려한다는 점 등을 들어 본사에 가향 담배의 출시를 강력하게 건의했다. 결국 본사도 한국 시장의 니즈를 더는 외면하지 못했다. 새로 출시된 가향 담배는 현재 한국 연초 시장에서 승승장구 중이다. 신제품의 성공은 필립모리스로서는 거의 10년 만의 쾌거로, 본사에서도 전혀 예상하지 못한 일이었다고 한다.

얼마 전 신문에서 스타트업 육성기관인 10X이노베이션 랩의 CEO, 클라우스 베헤게Klaus Wehage가 기업들의 글로벌 전략을 분석한 《Global Class》라는 책을 공동 집필했다는 기사를 봤다. 그는 〈조선일보〉와의 인터뷰에서 "본사는 컨트롤 타워가 아니라 서포터가 돼야 한다"라고 말했다. 세계 각국 시장은 사회문화적으로 서로 다른 특성이 있으므로 한 시장에서 성공했다고 다른 시장까지 성공하리란 보장은 없다. 따라서 각 지역의 레벨에서 본사 전략과는 다른 유연성을 적용할 필요가 있다는 것이다.

매장 지붕에 기와를 얹거나 현지에서 식재료를 조달하는 정도로는 부족하다. 이는 '글로벌 시늉'에 불과하다. '무늬만 글로벌 기업'인가, '뼛속까지 글로벌 기업'인가는 결국 문화 상대주의 관점의 유무로 판가름 난다. 현지 소비자의 일상과 문화를 이해하고, 그들의 욕망과 취향을 적극적으로 반영하려는 기업만이 진정한 글로벌 기업으로 거듭날 수 있다.

한국 시장,
더는 계륵이 아니다

|

다른 문화를 이해하고 배워야 하는 이유가 우리 자신을 더 잘 알기 위해서라고 밝힌 바 있다. 문화 상대주의적 관점으로 우리 자신을 돌아보면 무엇이 보일까. 글로벌 기업의 시각으로는 한국 시장이 과연 어떤 모습으로 비칠까.

운 좋게도 그간 나는 구글, 블리자드, 필립모리스 등 유수의 글로벌 기업에서 일해 왔다. 그런데 재미있는 점은 그 기업들이 세계 시장에서는 넘버원이지만, 한국 시장에서는 아니라는 사실이다. 그 이유가 무엇일까. 한국이라는 나라가 절대 만만치 않은, 상당히 까다로운 시장이기 때문이다.

한국 시장의 특징은 다음의 세 가지로 정리할 수 있다.

첫째, 한국 시장은 경쟁이 극심하다. 뒤에서 더 자세히 설명하겠지만, 필립모리스의 비전은 '담배 연기 없는 미래Smoke-Free Future'다. 이를 위해 10년간 13조 원을 쏟아부어 전자담배 아이코스를 개발했다. 그런데 아이코스가 한국 시장에 진출한 지 얼마 되지 않아 국내 리딩 경쟁사에서도 궐련형 전자담배를 출시했다. 그뿐 아니라 이후 평균 7개월 주기로 신제품을 선보이며 필립모리스를 무섭게 추격해 왔다. 이 정도 속도로 경쟁사를 따라잡을 수 있는 기업은 전 세계적으로 얼마 되지 않는다.

우리나라 대기업이 문어발식 확장을 계속하는 이유도 극심한 경쟁에서 찾을 수 있다. 스낵 하나가 인기를 끌면 곧이어 유사 경쟁품이 우르르 쏟아진다. 국내 시장 규모가 크지 않은데 경쟁마저 이렇게 치열하니 한 분야에서 우위를 점해도 안심할 수가 없는 것이다.

한국 시장의 두 번째 특징은 소비자가 매우 까다롭다는 것이다. 전 세계 블리자드 CSCustomer Service 퀄리티 1위는 언제나 블리자드코리아가 차지해 왔다. 전 직원의 절반이 CS팀에서 근무할 만큼 전력을 다하기 때문이다. 인원수만 많은 게 아니라 직원 하나하나가 블리자드 게임의 만렙 고수들이다. 어떤 질문을 받아도, 어떤 오류가 있어도 깔끔하게 해결해 준다. 친절은 기본이다. 한국 소비자들이 전반적으로 그렇듯 한국 유저들 역시 서비스에 대한 기대 수준이 매우 높다. 응대가 늦거나 질문에 답하지 못하는 CS를 용납하지 못한다. 유럽 회사들처럼 서비스센터 직원이 여름휴가 갔다고 에어컨 수리를 2개월 뒤에나 받게 했다가는 한국 소비자들을 절대로 만족시킬 수가 없다.

글로벌 주방 가전 브랜드 하나가 한국 진출을 앞두고 있다고 들었다. 이 회사 최초로 커피 머신에 터치패드 액정을 장착했는데, 반응 속도는 느려도 다른 나라에서는 평가가 괜찮다고 한다. 그러나 한국 소비자는 이 정도 속도에 만족하지 못할 것이다. 어떤 종류의 디지털 액정이라도 휴대전화 수준의 반응 속도를 기대하는 것이 한국 소비자들이다.

제75회 칸영화제에서 영화 〈헤어질 결심〉으로 주목받은 박찬욱 감독은 "한국 영화는 왜 이리 다양하고 역동적이냐"라는 외신 기자들의 질문에 이렇게 대답했다.

"한국 관객은 웬만한 영화에는 만족하지 못한다. 장르 영화 안에도 웃음, 공포, 감동이 다 있길 바라니 영화인들이 많이 시달렸고, 그 덕분에 한국 영화가 발전하게 된 것 같다."

내가 한국 소비자들의 까다로움에 대해 말하고 싶은 바가 박찬욱 감독의 이 말 안에 다 들어 있다.

한국 시장의 세 번째 특징은 규제가 심하다는 것이다. OECD가 개발한 상품시장규제지수PMR, Product Market Regulation에 따르면 2021년 기준 우리나라의 규제 수준은 OECD 38개국 중 여섯 번째로 강하다고 한다. 이는 외국 기업이 진입하기에 우리나라 규제 수준이 상당히 높고 까다롭다는 의미다.

세계 최초로 인앱결제 강제 금지법이 통과된 나라가 한국이다. 인앱결제 강제 금지법은 구글이나 애플 등이 자사의 앱 마켓에서 특정 결제 방식을 강제하지 못하도록 하는 법안이다. 애플과 인앱결제를 두고 분쟁 소송 중인 에픽게임즈의 CEO 팀 스위니Tim Sweeney는 이 법안 통과를 두 팔 벌려 환영하며 자신의 트위

터에 "나는 한국인이다"라는 말까지 남겼다.

EU에는 GDPRGeneral Data Protection Regulation이라는 개인정보와 관련한 상당히 까다로운 통합 규정이 있다. 그런데 우리나라의 개인정보 보호 관련 법규도 이와 거의 버금가는 수준으로 까다롭다. 최근 구글과 메타 등 글로벌 빅테크들이 사용자 동의 없이 무단으로 온라인 행태정보를 수집해 맞춤형 광고에 사용한 건에 대해 개인정보위가 도합 1,000억 원에 이르는 역대 최대 규모의 과징금 처분을 내린 사실만 봐도 알 수 있다(구글과 메타는 이 제재에 동의할 수 없다는 뜻을 밝히고 행정소송을 제기한 상태다).

이처럼 경쟁이 치열하고, 소비자가 까다로우며 규제가 심한 한국은 글로벌 기업에 그리 매력적인 시장이 못 된다. 더군다나 우리는 시장 규모마저 그리 크지 않다. 일례로 한국 블리자드와 중국 블리자드의 매출 차이는 수십 배에 달한다. 블리자드 카드 게임 하스스톤Hearthstone을 출시하던 당시 우리나라 전체 매출 목표액이 중국 시장에서 책정된 게임 마케팅 비용과 같았다. 글로벌 기업 본사가 한국을 상대적으로 뒷전에 밀어 두는 이유다.

그렇다고 한국을 완전히 포기할 수도 없으니 그야말로 한국 시장은 계륵이나 마찬가지다. 버리기는 아까운데, 취하자니 진입 장벽이 너무 높고 까다롭다. 한국 시장의 이런 애매한 위상 탓에 글로벌 기업의 한국 지사는 늘 곤란함을 겪어야 한다. 한국 시장에 맞는 이런저런 서비스나 제품 출시를 요구해도 본사에서 무시하기 일쑤다. 이런 상황에서 한국 시장은 어떤 전략으로 글로벌 기업에 다가가야 할까.

필립모리스의 신제품은 아시아 국가 중에서는 일본에서 가장 먼저 선을 보인다. 그러나 신제품을 출시하자마자 경쟁사에서도 신제품을 내놓고, 까다로운 소비자가 깐깐하게 피드백하는 한국이야말로 제품을 파일럿 테스트하기 가장 적합한 시장이다.

비단 필립모리스만의 이야기가 아니다. 치열한 경쟁, 까다로운 소비자, 극심한 규제가 있는 한국 시장은 오히려 모든 글로벌 기업의 인플루언스 마켓 또는 파일럿 마켓이 될 수 있다. 이미 LVMH와 같은 글로벌 기업은 한국을 파일럿 마켓으로 적극 활용하고 있다. 한국 명품 시장이 날로 커진다고는 해도 중국 시장에 비할 바는 아니다. 그런데도 글로벌 명품 브랜드들이 한국을 최초 출시 국가로 선택하는 이유는 호기심이 강하고 트렌드에 민감하며 안목이 깐깐한 소비자들이 있기 때문이다. 한국 시장이 주변 시장에 지대한 영향을 미치는 인플루언스 마켓임을 일찍이 알아본 것이다.

경쟁이 심하고 소비자가 까다로우며 규제마저 강한 한국 시장에서 살아남을 수 있는 글로벌 기업은 세계 어디서도 살아남을 수 있다. 한국에서 통하면 세계에서도 통한다. 이것이 바로 한국을 단순히 시장 규모로만 판단해서는 안 되는 이유이자 한국 시장이 전략적으로 매우 중요하고 매력적인 이유다.

03

총체적 접근 :
소비자는 숫자가 아니라 일상에 존재한다

1950년대 중반, 파푸아뉴기니의 소수민족 포레Fore족에게서 원인불명의 질병이 발견됐다. 근육을 마비시키고 경련을 일으키는 이 병을 포레족은 '두려움에 떨다' '발작을 일으키다'라는 뜻으로 '쿠루kuru'라 불렀다. 쿠루병은 여러모로 특이한 질병이었다. 포레족과 접촉한 인근 부족이나 유럽인들에게는 발병하지 않고 포레족에게만, 특히 여성과 아이들에게 주로 나타났다. 이를 근거로 유전병을 의심하는 의사들도 있었지만, 불과 50년 전부터 나타난 신종 질환이라는 점에서 그럴 가능성은 없었다.

쿠루병의 수수께끼를 푼 이는 미국의 바이러스 학자이자 인류학자인 대니얼 칼턴 가이두섹Daniel Carleton Gajdusek이었다. 10개월간 포레족과 함께 지내며 그들의 생활양식을 면밀히 관찰한 그는 몇몇 인류학자가 이미 추측한 대로 포레족의 장례 문화에 쿠루병의 원인이 있음을 알아낸다. 포레족은 친족이 사망하면 그 뇌를 유가족 여성이 요리해 먹고 아이들에게도 나누어 먹이는데, 이를 통해 죽은 자의 뇌에 있던 바이러스가 여성과 아이들에게 퍼지게 된 것이다. 이러한 장례 문화는 약 50년 전에 주변 다른 부족에게서 들여온 풍습이었다. 이로써 쿠루병이 왜 50년 전부터 발생했으며 주로 여성과 아이들에게 퍼졌는지가 밝혀진다.

가이두섹 박사는 후속 연구를 통해 쿠루병이 프리온이라는 악성 단백질로 감염된다는 사실을 밝혀내 1976년 노벨 생리의학상을 수상한다. 쿠루병은 파푸아뉴기니 정부가 식인 장례 풍습을 중단하도록 개도하면서 서서히 발생 건수가 줄기 시작해 1999년 이후로는 완전히 자취를 감췄다.

주목할 점은 가이두섹 박사가 바이러스 학자이자 동시에 인류학자였다는 것이다. 그는 포레족과 일상을 함께하며 그들의 사회와 문화를 관찰했고(참여관찰), 무엇보다 총체적 시야로 쿠루병을 연구했다.

인류학은 문화, 예술, 정치, 경제, 종교, 가족과 공동체, 과학과 기술, 질병과 신체 등 거의 모든 분야, 모든 주제를 다룬다. 그렇다면 이들 분야를 전문적으로 다루는 학문과는 어떤 차이가 있을까. 인류학은 예술학, 정치학, 경제학, 종교학, 사회학, 심리학, 과학기술학, 의학 등과 무엇이 다를까. 이 질문에 대한 답 가운데 하나가 바로 '총체적 접근'이다. 인류학은 이 다양한 분야들의 관계와 연결에 주목한다.

인류학에서 말하는 총체적 접근이란 어떤 대상을 연구할 때 그에 영향을 미치는 주변 요소와 그것들끼리의 관계를 규명하려는 시각이다. 한마디로 어떤 대상을 제대로 파악하기 위해 그것이 전체와 어떤 관계를 맺고 있는지 그 맥락을 함께 살핀다는 뜻이다. 만일 가이두섹 박사가 진료실이나 실험실 안에서만 질병을 치료할 수 있다고 믿었다면, 그래서 그들의 문화와 쿠루병의 맥락을 무시하고 환자와 바이러스 자체에만 주목했다면 쿠루병의 원인을 이처럼 명확하게 밝히기는 어려웠을 것이다. 그런 면에서 쿠루병 사례는 문제의 원인을 발견하고 해결 방안을 모색하는 데 총체적 접근법이 얼마나 중요하고 효과적인가를 잘 보여 준다.

문화 이해의 새로운 이론적 틀을 제시했다고 평가받는 저명한 미국의 인류학자 클리퍼드 기어츠Clifford Geertz는 '심층 놀이 : 발리의 닭싸움에 관한 기록들Deep Play : Notes on the Balinese Cockfight'이라는 글에서 발리인이 열광하는 닭싸움을 상세히 다룬다. 기어츠는 서양인들 눈에는 하찮은 불법 도박에 불과한 닭싸움이 실은 발리인들의 자아 인식, 질투와 폭력성을 다스리는 방식, 친족 관계, 위계질서와 권력 구조, 종교와 의례, 공동체 의식, 사회질서의 내면화 등 다양한 측면과 복잡하고 밀접하게 관련돼 있음을 밝힌다. 이는 닭싸움을 오락거리나 도박으로 한정하지 않고 문화와 맥락을 고려해 총체적 시각으로 봐야만 얻어지는 통찰이다.

총체적 접근법은 인류학뿐 아니라 다양한 분야에서 매우 유용한 도구가 된다. 특히나 오늘날처럼 변화의 속도가 빠르고 그 방향조차 예측하기 어려운 시대라면 더욱 그렇다. 쿠루병의 원인을 밝히려는 의사든, 한국 사회의 양극화 현상을 살피려는 사회학자든, 현대인이 자존감에 집착하는 이유를 분석하려는 심리학자든 총체적 시야를 통해 감추어진 이면을 포착하고 문제를 더 풍부하게 고찰할 수 있다.

비즈니스 분야도 예외는 아니다. 경제인류학의 선구자로 꼽히는 칼 폴라니Karl Paul Polanyi는 경제는 사회에 '묻혀 있다embeded'라고 했다. 경제는 독자적이고 자율적으로 작동하지 않고 정치·사회·문화·종교와 긴밀하게 연결돼 있다는 뜻이다. 비즈니스 의사 결정에서 재무뿐 아니라 사회정치 상황부터 조직과 리더십, 각 부처 및 타사와의 경쟁, 소비자의 변화 등 다양한 측면이 총체적으로 고려돼야 하는 이유다.

비즈니스는 숫자에서 시작된다는 선입견을 버리고 다각도에서 문제를 분석할 줄 알아야 한다. 숫자는 부분적인 사실을 말해 줄 뿐 총체적인 진실을 드러내진 못한다. 진실은 기업과 소비자가 공동체와 끊임없이 영향을 주고받는, 사회문화적 맥락 안에서 발견할 수 있다. 이를 잊지 말고 활용해야 비로소 기업의 문제를 제대로 파악해 해결하고, 새로운 비즈니스 기회도 창출할 수 있다.

엑셀 시트 안에는
사람이 없다

|

소비자를 제대로 이해하려면 그들이 어떤 세계의 어떤 맥락 안에 존재하는지 알아야 한다. 좁게는 가족이나 친구, 동료부터 넓게는 지역사회 및 국가에 이르기까지 그들이 어떤 공동체에서 어떤 영향을 받는지, 그들이 관계하고 있는 모든 주체를 총체적으로 살펴봐야 한다는 뜻이다.

그러나 의외로 많은 기업이 소비자를 엑셀 시트의 숫자로만 파악할 뿐 총체적으로 이해하려는 노력을 기울이지 못한다. 내가 블리자드코리아 대표로 재직하던 4년간, 본사 개발자를 대상으로 한국 문화의 차별성과 그 문화 맥락 안에서 한국 유저들만이 가진 욕구에 관해 다섯 차례에 걸쳐 브리핑한 이유도 여기에 있다. 블리자드의 개발자와 디자이너 들은 캘리포니아 어바인 Irvine에서 근무하는데, 상당수가 해외에 나가기는커녕 어바인을 벗어난 적도 없다. 그들은 어바인 사무실 책상에 앉아서도 전 세계 소비자들의 변화와 흐름을 충분히 꿰뚫고 선도할 수 있다고 믿는다. 그러나 타 문화와 그 유저들의 욕구에 진심 어린 호기심이 없는 이러한 태도는 전형적인 자문화 중심주의라 할 수 있다. 타 문화에 대한 본사의 이해도가 낮으면 각국의 현지 사용자들은 그저 '불만 많고 까다로운 소비자'일 뿐이다.

아마 블리자드 개발자들은 한국 유저들이 블리자드의 대표 게임인 와우를 즐기는 방식을 이해하기 어려웠을 것이다. 와우는 장대한 세계관과 풍부한 볼거리로 유명하다. 게임 안에서 여행하거나 낚시하거나 금광만 캐면서 수백, 수천 시간을 보낼 수 있고, 심지어 결혼식까지 올리며 현실에서처럼 일상을 영위하는 유저들도 있다. 그런데 한국 유저들은 게임 안의 경이롭고 다채로운 세상을 체험하며 즐기기보다 '빨리빨리' 최종 보스와 맞닥뜨려 대결하는 데 더 큰 관심을 보인다. 게임을 즐기는 방식이 다른 나라 유저들과는 확연히 다른 셈이다.

한국 유저들만의 특성은 게임 캐릭터 선택에서도 여실히 드러난다. 와우의 캐릭터는 크게 호드Horde와 얼라이언스Alliance로 나뉜다. 서구 문화권에서는 개성 있고 강해 보인다는 이유로 괴물을 닮은 호드가 인기를 끌고 있지만, 한국 유저들은 요정을 연상시키는 얼라이언스를 압도적으로 선호한다.

최종 보스 공략에만 열성을 보이고, 얼라이언스 캐릭터만을 편애하는 한국 유저들은 본사 입장에서는 풀기 힘든 수수께끼

그 자체였다. 본사의 개발자와 캐릭터 디자이너 들에게 한국 유저들의 욕구를 반영하도록 요구하려면 먼저 한국 유저들이 왜 그런 방식으로 플레이하는지 사회문화적 맥락을 이해시킬 필요가 있었다.

한국 유저들은 왜 게임 과정을 즐기기보다 최종 보스를 해치우는 목표지향적 플레이를 할까. 이는 한국인 특유의 '빨리빨리 문화'와 관련이 있다. 한국이 농경사회일 때는 해가 뜨고 지고, 계절이 오고 가는 자연의 시간에 맞춰 살았다. 인간이 안달복달한다고 해가 빨리 뜨거나 봄이 빨리 오진 않기에 부지런하게는 살아도 무언가를 서둘러 빨리빨리 해치울 필요는 없었다. 그런데 어째서 우리 문화에 '빨리빨리'가 깊이 뿌리내리게 된 걸까.

이에 관한 여러 설명이 있겠지만, 나는 군사 정부가 주도한 경제개발 방식에 그 이유가 있다고 본다. 군사 작전을 방불케 하는 경제개발 5개년 계획이 무려 다섯 번, 총 25년간 시행됐다. 인류학에서는 한 세대를 30년으로 잡는다. 속도와 효율성을 최고의 덕목으로 숭배하는 세상을 25년, 즉 한 세대가 경험했으니 수십 년이 흐른 지금도 '빨리빨리 문화'가 우리 의식 저변을 지배하는 DNA가 돼 버린 것이다.

경제개발 5개년 계획을 한마디로 표현하면 '어쨌든 잘 먹고 잘 살아보자'다. 경제 성장이라는 목표에 빨리 도달하려면 그 과정보다는 오로지 속도와 목표만이 중요하다. 이런 사고방식이 21세기 한국 사회에 여전히 남아 있고, 한국 유저들의 게임 방식에도 영향을 미치고 있다. 와우 세상이 아무리 넓고 볼거리가 많아도 일단 최종 보스부터 해결해야 한다. 구경은 나중에 해도 늦지 않다.

얼라이언스를 편애하는 한국 유저들의 특성도 문화적 배경으로 설명할 수 있다. 아름다움의 기준은 문화권마다 조금씩 다르다. 개인주의가 강한 서구권에서는 개성과 남다름을 매우 중시하므로 수염 난 여성이나 머리에 뿔이 돋은 남성 등 현실에서는 보기 힘든 독특한 게임 캐릭터가 사랑받을 수 있다. 반면 우리나라는 집단주의 성향이 강해 자신의 개성보다 남들 시선에 더 신경을 쓴다. 이런 문화는 게임 방식에도 영향을 미쳐 개성 강한 호드 캐릭터보다 요정을 닮은 얼라이언스 캐릭터를 선호하는 현상으로 이어진다.

내가 이런 식으로 한국의 문화와 가치 기준을 설명하면 본사의 개발자와 디자이너 들의 태도가 달라진다. 가령 그간 블리자드코리아에서 '덜 괴물 같고 더 사람 같은' 호드 캐릭터도 만들어 달라고 요구하면 본사 입장은 늘 부정적이었다. "다른 나라에서는 개성 넘치는 호드 종족이 인기인데, 왜 한국 유저들은 다른가, 만일 우리가 그 요구를 수용하면 한국 매출이 반드시 오르리라 장담할 수 있나" 하는 식이었다. 그러나 그들이 한국 문화를 조금이라도 알게 되면 "한국 유저들의 욕구가 무엇인지 이해했으니 반영하도록 노력하겠다"로 태도가 바뀐다. 까다롭고 유난스러운 요구가 아니라 사회문화적인 맥락이 있는 합리적인 요구로 받아들이는 것이다.

소비자는 소비자로만 존재하지 않는다. 그들은 소비자이기 이전에 국가, 지역, 직장, 가족, 취향 공동체 등 수많은 공동체의 일원이다. 따라서 컴퓨터 앞에 앉은 유저나 마트 매대에서 가격표를 확인하는 쇼핑객으로만 그들을 한정시켜 생각해서는 안 된다. 그들이 언제 어디서 누구와 무슨 이야기를 나누는지, 무엇 때문에 웃고 왜 화를 내는지, 어디에 관심을 쏟고 무슨 생각을 하는지 총체적으로 이해하려고 노력해야만 비로소 그들의 소비 패턴도 보일 것이다.

21세기 기업은
총체적 시야를 지닌 인재를 원한다

|

몇 년 전부터 'T자형 인재'라는 단어가 사람들 입에 자주 오르내린다. T자형 인재란 일본 기업 도요타TOYOTA의 첫 글자 T를 따서 만든 단어인데, 자신이 맡은 공정을 깊게(│) 알 뿐 아니라 다른 공정까지 대략이나마 두루두루(─) 알고 있어서 공정 개선을 위

한 더 좋은 제안을 할 수 있는 사람을 뜻한다. 이후 T자형 인재는 I자형 인재처럼 자기 분야를 깊게 알되 그와 관련한 다양한 분야의 지식을 폭넓게 이해하고 연결하는 능력을 지닌 사람을 뜻하게 됐다.

미국의 디자인 회사 아이디오IDEO의 공동 대표 톰 켈리Tom Kelley는 한 인터뷰에서 "우리 회사에서는 I자형 인재가 자리를 잡지 못한다. 우리는 자신의 전문 분야에 강하면서도 다른 분야에 대한 존경과 관심, 가능하면 경험까지 겸비한 T자형 인재를 좋아한다"라고 밝힌 바 있다. 그에 따르면 T자형 인재는 '가령 취미로 순수미술을 하고 인류학에 관심이 있는 엔지니어'를 가리키는데, 이런 사람들은 자신의 수많은 관심사를 발판 삼아 다른 사람들의 아이디어를 통합해서 팀에 이바지할 가능성이 더 크다고 한다.

우리나라에서도 '삼성맨이 되려면 먼저 T자형 인재가 돼라' 식의 기사가 심심찮게 눈에 띌 정도로 T자형 인재에 관심이 높았다. 그런데 언젠가부터 이제 T자형 인재를 넘어 π형 인재가 돼야 한다는 말이 들려온다. π형 인재는 자기 전문 분야 외 다른 분야에 대한 지식과 관심이 있어야 한다는 점에서 T자형 인재와 비슷해 보이지만, 전문 분야가 하나가 아닌 둘 이상이어야 한다는 점에서 T자형 인재를 뛰어넘는 개념이다. 둘 이상의 분야에서 전문성과 역량을 지니고, 다른 분야에까지 두루두루 관심과 소양이 있어야 π형 인재라는 소리를 들을 수 있다.

비슷한 의미로 '통섭형 인재'라는 말도 있다. '통섭consilience'이란 미국의 생물학자 에드워드 윌슨Edward Wilson이 인문학과 자연과학처럼 서로 다른 학문을 한데 통합한다는 뜻으로 만든 말이지만, 흔히 문과와 이과를 융합해 새로운 가치를 만든다는 의미로 사용한다. 통섭형 인재의 대표 사례로는 레오나르도 다빈치, 스티브 잡스 등이 있다.

T자형 인재가 되려는 노력만으로도 버거운데 한술 더 떠 π형 인재가 되라고 하고, 급기야는 레오나르도 다빈치 같은 통섭형 인재까지 되라고 하니 21세기에 인재 되기 참 어렵다는 생각이 절로 든다. 어쩌면 T자형 인재니, π형 인재니, 통섭형 인재니 하는 말은 호사가들의 말장난에 불과할지도 모른다. 자기 전문 분야가 하나인가 둘인가, 이과인가 문과인가는 전혀 중요하지 않다. 모든 직원이 스티브 잡스가 될 필요도 없다.

이 모든 인재상의 핵심은 결국 총체적 접근 능력에 있다. 자기 전문 분야, 자기 업무에만 지나치게 매몰되지 않고 총체적 시야로 전체 업무를 상상할 줄 아는 사람, 일이 잘 돌아가게 하려면 자기 업무와 타인의 업무를 어떻게 연결해야 할지, 그러려면 어떻게 협력해야 할지 아는 사람이 바로 기업이 원하는 진정한 인재다.

내가 한국필립모리스 대표로 부임했을 때 새로 시작한 일 중

하나가 킥오프 미팅이다. 연초 모든 부서의 매니저들이 모여 그해의 경영 목표 달성을 위한 각 팀의 목표와 계획을 공유하는 행사다. 가령 내가 마케터라면 세일즈팀, 커뮤니케이션팀 등 다른 부서를 돌며 각 30분간 올해 그 부서의 계획이 무엇이며 우리 마케팅팀과는 어떻게 협업할 것인지 브리핑을 듣는 것이다. 다른 부서의 업무를 이런 식으로 짧게나마 접하고 이해하게 되면 회사 전체 업무를 총체적으로 볼 수 있는 시야가 생긴다.

세일즈팀이나 커뮤니케이션팀에서 어떤 일을 하는지 모르는 사람이 있을까 싶지만, 실제로는 그렇지 않다. 각자 자신의 업무에만 몰두한 나머지 다른 부서에서 하는 일, 심지어 내 옆자리 동료가 하는 일조차 제대로 모르는 경우가 허다하다.

내 업무에만 충실하면 되지 다른 부서, 옆자리 동료가 하는 일까지 신경 쓸 필요가 있느냐고 물을지도 모른다. 그렇다면 이런 경우를 상상해 보자. 모든 부서가 각자의 KPIKey Performance Indicator(핵심성과지표)를 달성했는데 정작 회사 전체의 KPI는 맞추지 못했다면 그 이유가 무엇일까. 회사 전체의 목표가 아니라 자기 부서의 목표만을 위해 일했기 때문이다. 마케팅팀과 세일즈팀이 서로 업무를 공유하지 않은 채 동시에 고객 설문조사를 진행해 예산을 낭비한다거나, 온라인 판매팀이 오프라인 판매팀과 상의하지 않고 할인 행사를 해서 오프라인 판매팀의 실적을 갉아먹는다거나 하는 경우가 실제로 발생한다. 타 부서에 대한 이런 무관심은 자칫 자기 부서의 이득만 챙기는 '사일로 효과silo effect'로 이어질 우려도 있다. 자기 맡은 일만 똑 부러지게 해 내는 사람을 '일잘러'라 할 수 없는 이유다.

내가 구글에서 일할 때 가장 많이 듣고 쓰던 단어 하나가 '구글리니스googliness'였다. 우리말로는 '구글다움' 또는 '구글 문화 이해도' 정도로 번역된다. 사실 구글리니스가 정확히 무엇인지는 아무도 모른다. 정답도 없다. 대개는 수평적이고 개방적인 사고, 구글에 대한 주인의식, 협업을 위한 겸손한 소통 능력 등을 가리키는 말로 쓰이는데, 내가 보기에 이 모든 역량은 결국 '총체적 시야'와 다를 바가 없다. 내 업무와 타인의 업무가 어떻게 연결되는지 총체적으로 이해하고, 원활한 소통과 협업으로 당면한 문제를 해결하는 능력이 결국 구글리니스, 구글에서 요구하는 역량인 셈이다.

벌레의 눈으로 연결과 관계를 상상하는 힘

흔히 총체적 시야라 하면 위에서 아래를 내려다보는 시선을 떠올리기 쉽다. 그러나 인류학에서 말하는 총체적 접근법은 그 반대에 가깝다. 인류학자가 탐구하려는 주제는 거시적일 수 있지만, 그것에 접근하는 방식은 지극히 미시적이다. 이에 대해 인류학자이자 〈파이낸셜타임스〉 편집국장인 질리언 테트Gillian Tett는 저서 《알고 있다는 착각Anthro-Vision》에서 '새의 눈'으로 조망하는 대신 '벌레의 눈'으로 아래에서 위를 바라보는 관점이 필요하다고 말한다. 클리퍼드 기어츠가 닭싸움을 통해 발리인의 문화 전체를 총체적으로 해석한 사례를 떠올려 보자. 그는 먼저 벌레의 눈으로 닭싸움을 세밀하게 관찰하다가 시선을 위로 들어 올려 이 닭싸움 내기가 발리인의 삶과 연결되는 방식을 알아보고, 더 나아가 발리 사회 전체를 읽어 낸다.

화제를 모은 tvN 드라마 〈작은 아씨들〉에 이런 대사가 나온다.

"미래에는 대부분 경리가 사라져. 그럼 어떤 경리가 살아남을까. 숫자가 하는 이야기를 읽을 수 있는 경리. 회사가 어떻게 여기까지 왔고 어떤 위험과 잠재력을 안고 있는지, 우린 앞으로 어디로 가야 하는지…"

경리에게 영수증이 얼마나 중요하며 영수증 한 장으로 어디까지 내다볼 수 있는지 극중 인물이 설명하는 대사다. 이 역시 벌레의 눈으로 아래에서 위를 바라봄으로써 총체적 시야를 확보하라는 말과 다름없다.

총체적 시야가 '새의 눈'이 아니라 '벌레의 눈'이라면 한 집단을 총체적으로 파악하는 이는 지위가 높고, 권한이 큰 사람이 아니라 오히려 그 반대일 수 있다. 누구나 어느 자리에서든 다음의 세 가지 요소에 주목하면 총체적 시야를 키울 수 있다.

첫째는 당연히 전문성이다. 요즘 여기저기서 '피보팅pivoting'이라는 단어가 자주 들려온다. 원래는 공을 든 채 한쪽 다리를 고정하고, 다른 다리를 이리저리 움직이며 다음 플레이를 준비하는 행동을 가리키는 농구 용어다. 여기서 중요한 점은 한쪽 다리를 단단하게 고정해야 한다는 것이다. 그래야 다른 다리를 자유로이 움직이며 다음 기회를 살필 수 있다. 이처럼 자신의 전문 분야를 확실하고 단단하게 다져 두면 이를 중심으로 다른 분야까지 내다보고 때로는 방향을 전환하는 일도 가능해진다.

둘째는 호기심이다. 내 전문 분야가 어느 분야와 연결되는지, 내 업무가 누구의 일과 연결되는지, 내 일의 영향력이 어디까지 미칠 수 있는지 끊임없이 호기심이 일고 궁금해야 한다. 호기심은 총체적 시야를 키우는 데도 중요하지만, 완전히 새로운 기회를 만나고, 그 기회를 비즈니스로 연결하는 데도 결정적인 역할을 한다.

셋째는 커뮤니케이션이다. 총체적 시야는 결국 '관계를 파악하고 연결하는 능력'이다. 그런 의미에서 소통 능력은 총체적 시야와 떼려야 뗄 수 없는 개념이라 할 수 있다.

총체적 시야는 어떤 대상을 세세하고 깊게 들여다볼 줄 알고,

그것이 다른 요소와 어떻게 연결될지 상상하는 힘이다. 그런 의미에서 총체적 시야는 우리에게 통찰력이 필요한 순간 가장 유용한 수단이 돼 줄 것이다.

04

참여관찰 :
소비자는 합리적이지 않다

덴마크의 컨설팅 회사 ReD Associates의 공동 대표, 크리스티안 마두스베르그Christian Madsbjerg와 미켈 B. 라스무센Mikkel B. Rasmussen이 한 칼럼에서 흥미로운 사례를 소개한다. 유럽 메이저급의 한 주류제조사가 매장 매출과 달리 술집 매출만 유독 하락하는 문제로 오래 고심한다. 대규모 시장조사, 경쟁사 분석에도 그 이유가 밝혀지지 않자 경영진은 새로운 전문가 집단을 고용하기로 한다.

전문가들은 영국과 핀란드에 있는 술집 십여 군데를 직접 방문한다. 거기서 그들이 한 일은 관찰이었다. 술집 주인과 종업원, 손님 들을 오랜 시간 관찰한 끝에 영상 수백 분 분량, 사진 수천장, 현장일지 수백 페이지가 만들어진다. 그들은 이 자료를 낱낱이 분석해 마침내 술집 매출이 잘 오르지 않는 이유를 밝혀낸다.

전문가들이 관찰한 바에 따르면 술집 주인들은 제조사의 기대와 달리 기업에서 제공한 홍보물, 즉 컵받침, 스티커, 티셔츠 등을 충분히 활용하지 않았고 심지어 쓸데없는 잡동사니로 취급했다. 또 손님들에게 메뉴를 설명하고 주문 받는 서빙 담당 여성 종업원들은 손님들의 농담에 맞장구치며 웃어야 하는 자기 업무를 불쾌하게 여겼다. 당연히 자신들이 주문 받는 메뉴에 대해 아는 바도 없었고 알고 싶어 하지도 않았다.

이러한 분석 결과를 바탕으로 제조사는 새로운 영업 방식을 고안한다. 천편일률적인 홍보물을 배포하는 대신 각 술집 특성에 맞는 홍보물을 맞춤 제작했고, 술집 주인을 상대하는 영업 담당자들이 현장을 제대로 이해하고 이를 마케팅에 활용할 수 있도록 재교육했다. 종업원들 대상으로는 자사 브랜드의 이해를 돕는 교육 프로그램을 신설하는 한편, 밤늦게까지 근무하는 여성 종업원들을 위한 귀가 택시 서비스도 제공했다. 이런 노력을 2년간 기울인 끝에 마침내 술집 매출이 반등했고, 이 제조사의 매출과 시장점유율은 안정적으로 상승하게 됐다.

어마어마한 비용을 들인 시장조사로도 어쩌지 못한 고질적인 문제를 말끔하게 해결한 이 전문가 집단의 정체는 바로 인류학자들이었다. 이들은 왜 보르네오섬이 아니라 영국이나 핀란드의 대도시 술집으로 갔을까. 주류 제조 및 유통에 관해서라면 거의 문외한이나 다름없을 인류학자들이 이 분야의 전문가들보다 문제를 더 정확하게 분석하고 해결할 수 있었던 이유는 무엇일까.

　제국주의 시절의 인류학자들은 선교사나 탐험가 들의 단편적인 기록에만 의존하여 연구한 탓에 '안락의자 학자armchair scholars'라는 조롱과 비아냥을 듣곤 했다. 그러다 20세기 들어서서 현지에 장기 체류하며 연구하는 현지조사를 시도하면서 참여관찰이라는 연구방법론을 발전시킨다.

　참여관찰의 체계화에 가장 크게 이바지한 사람은 '사회인류학의 아버지'라 불리는 브로니슬라프 말리노프스키Bronislaw Malinowski였다. 원주민의 언어조차 모르는 채로 낯선 문화를 연구하는 현지조사 방식에 심각한 회의를 느낀 그는 원주민들과 어울려 살면서 언어를 습득하고 일상을 관찰하는 방법으로 현지조사를 수행한다. 또한 타자를 이해할 유일한 방법은 그들 속으로 들어가 직접 관찰하는 것뿐이라고 주장하면서 외부인의 시선으로 타자의 문화를 보되 그들의 관점과 시각을 지녀야 한다고 말했다. 외부인인 동시에 내부인이 돼야만 타인의 문화를 선명하게 이해할 수 있다는 것이다. 이 개념이 바로 참여관찰이다.

　인류학은 사회문화적 맥락을 총체적으로 바라보는 학문인 만큼 자연과학이나 여느 사회과학과 달리 현실과 동떨어진 실험실 환경에서는 연구 자체가 불가능하다. 인류학에서도 자료조사는 하지만, 연구하려는 집단이나 지역에 직접 들어가 언어를 배우고 그 구성원들과 일상을 함께하면서 그들의 행동과 문화를 관찰하는 참여관찰 방법이 가장 많이 쓰인다.

"인류학은 아마존 밀림만큼 아마존 창고를 이해하는 데도 유용하다"라는 질리언 테트의 말처럼 오늘날 참여관찰은 실로 다양한 분야에서 활용되고 있다. 과거의 인류학자들이 원시 부족민들이 있는 오지로 떠났다면 오늘날의 인류학자들은 참여관찰이라는 연구방법론으로 무장한 채 전 세계 도시인들의 평범한 일상을 연구하고 있다. 술집 매출이 하락한 이유를 밝히는 데 인류학자들이 뛰어든 이유다.

과학기술학Science and Technology Studies 연구자 임소연이 쓴《나는 어떻게 성형 미인이 되었나》라는 책은 부제가 '강남 성형외과 참여관찰기'다. 저자가 성형수술에 관한 논문을 쓰기 위해 청담동의 한 성형외과에서 3년간 환자를 상담하는 코디네이터로 근무하며 참여관찰을 한 생생한 기록을 담고 있다. 이처럼 참여관찰은 더 이상 오지 연구의 수단도, 인류학자의 전유물도 아니다. 어떤 대상이나 집단을 선입견 없이 생생하게 이해하려하는 사람들에게 참여관찰은 매우 강력하고 유용한 무기가 될 수 있다.

참여관찰을 통해
우연히 발견되는 진실들

|

현지조사를 제대로 하려면 최소 1년은 필요하다(물론 기업이 의뢰하는 소비자 연구 등은 이보다 훨씬 빠른 기간에 끝난다). 구성원들이 인류학자를 편안하게 받아들여 진솔한 모습을 보이기까지, 인류학자가 그들에게 공감하고 내부자의 시선을 갖게 되기까지, 그리고 그들의 사소한 행동에 어떤 사회문화적 맥락이 있는지 총체적으로 파악하기까지 많은 시간이 걸리기 때문이다.

이 사실을 잘 알고 있었건만, 예일대학교에서 박사 논문을 준비하던 시절의 나는 초조함을 가라앉히기 어려웠다. '아시안 아메리칸의 정체성'이라는 다소 애매한 주제만 정해 둔 채로 약 80명의 이민 2세 중국인과 한국인 들을 만나 6개월 가까이 인터뷰를 진행했지만 뚜렷한 방향이 잡히질 않았기 때문이다. 그러던 어느 날, 여러 번의 인터뷰로 라포르rapport가 형성된 A라는 남성이 귀가 번쩍 뜨이는 이야기를 들려줬다. 미국에서 동양 남성이 데이트할 때 수줍음이 많다는 소리를 종종 듣는 이유는 타고난 성향 탓이 아니라는 것이다. 부모가 백인이나 흑인 며느리를 원하지 않으니 이들로서는 동양 여성에게 매달릴 수밖에 없다. 그런데 동양 여성은 백인이나 흑인 남성들에게도 인기가 있어서 동양 남성들은 결혼 및 데이트 시장에서 위축될 수밖에 없다는 말이었다. 이 이야기를 듣자 비로소 나의 논문 방향이 명확히 떠올랐다. 사람들은 결혼이나 연애를 전적으로 개인적인 영역이라 생각하지만, 실은 사회문화적인 구조와 매우 밀접한 관련이 있다. 이런 주제를 '인종, 계급, 성별 등의 이슈가 연애 및 결혼에 미치는 영향'으로 다뤄 보기로 하자 비로소 논문이 술술 풀리기 시작했다.

이 사례를 통해 알 수 있듯 인류학 연구와 참여관찰은 우연에 좌우되는 경우가 많다. A의 통찰도 인터뷰에서 들은 이야기가 아니었다. A가 우리 집에 놀러와 밤늦게까지 이런저런 잡담을 나누다 우연히 나온 것이다. 그 당시 나는 A의 이야기에 논문의 핵심이 될 요소가 있음을 직감했지만, 친구에게 하소연하듯 털어놓는 A의 말을 녹음하기가 미안해서 그가 눈치채지 못하게 화장실에서 몰래 메모를 남겼다.

이러한 '우연의 개입'은 참여관찰의 약점이 아니라 최대 강점이다. 인류학자들은 자신이 참여관찰을 통해 무엇을 발견하게 될지 전혀 모른다. 자연과학이나 여느 사회과학 연구자들은 가정을 세우고 이를 실험으로 증명하지만, 인류학자는 어떠한 추측이나 가정 없이 일단 관찰부터 한다. 관찰한 바를 세세하게 기록은 하되 연구 대상이 되는 요소가 사회 전체와 어떻게 연결되는지 그 맥락이 발견될 때까지는 함부로 재단하거나 추측하지 않는다. 그러다 보니 참여관찰에서는 무언가가 늘 '우연히' 발견될 수밖에 없다. 바로 여기에 참여관찰의 핵심이 있다. 가정을 세우고 이를 증명하는 연구 방법은 연구자의 예상을 벗어나는 결과를 얻기 어렵다. 그러나 참여관찰은 실험과 달리 아무도 생각하지 못한 새로운 면을 발견하게 한다.

소비자학의 고전으로 꼽히는《쇼핑의 과학Why We Buy: The Science of Shopping》은 관찰이 어떤 대상의 실체를 밝히는 데 얼마나 큰 힘을 발휘하는지 잘 보여 준다. 이 책의 저자 파코 언더힐Paco Underhill이 설립한 인바이로셀Envirosell이라는 컨설팅 회사는 분석을 의뢰받은 매장에 '추적자tracker'로 불리는 조사원을 배치해 쇼핑객의 일거수일투족을 세세하게 관찰하는 방식으로 일한다. 추적자로 불리는 인류학자가 쇼핑몰로 현지조사를 나가는 셈이다.

인류학자가 선입견 없이 참여관찰을 하는 과정에서 생각하지도 못한 진실을 우연히 발견하듯이 추적자들도 마찬가지다. 가령 반려견 사료 제조업체의 의뢰로 슈퍼마켓을 조사하던 추적자들은 성인은 반려견 사료를, 어린이와 노인은 간식을 주로 구입한다는 사실을 발견한다. 이후 쇼핑객을 대상으로 심층 면담을 한 결과, 어린이와 노인에게 반려견의 사료를 먹이는 일은 귀찮은 의무지만 간식 던져주기는 재미있는 놀이라는 것을 알게 된다. 이 사실을 바탕으로 그간 선반 맨 위쪽에 진열했던 반려견 간식을 어린이와 노인의 손이 쉽게 닿는 매대로 옮겼더니 매출이 금세 뛰어올랐다고 한다.

관찰을 통해 우연히 포착된 또 하나의 흥미로운 사례는 부딪힘 효과butt-brush effect다. 백화점 1층 주출입구에 설치한 카메라로 살펴봤더니 근처 복도의 넥타이 매대로 향하던 쇼핑객이 백화점 안으로 들어가는 사람들과 한두 차례 부딪히면서 멈칫거리는 현상이 발견됐다. 이렇게 몇 번 타인과 부딪힌 쇼핑객은 넥타이 쇼핑을 포기하고 출구로 빠져나갔다. 백화점 측에 확인해 보니 넥타이 매대는 메인 복도에 있었음에도 매출이 기대치를 밑돌았다. 부딪힘 효과에 관한 보고를 받은 이후로 백화점 측은 넥타이 매대를 통로에서 조금 떨어진 곳으로 옮겼고, 몇 주 뒤부터 넥타이 매장의 매상이 급격하게 뛰어올랐다.

초기에 인바이로셀에서 고용한 추적자는 환경심리학 전공 대학원생들이었다고 한다. 그러나 그들은 자신들의 교과서적 이론에 얽매여 무언가를 검증하려 했고, 장시간 참을성 있게 관찰하는 작업을 견디지 못했다. 이후로 인바이로셀은 미술가, 배우, 소설가 등 창조적인 사람을 추적자로 고용한다. 이들이 선택된 이유는 선입견 없는 열린 마음과 사람들의 행동 방식에 관한 관심 때문이다. 이 두 가지 덕목을 지닌 사람은 참여관찰을 잘 수행할 수 있을 뿐 아니라 어떤 의미에서는 인류학자라고도 할 수 있을 것이다.

추적자들은 매장에 투입되기 전에 매우 세심하게 교육받는다. 가령 쇼핑객을 따라다니며 관찰할 때는 뒤가 아닌 옆에 있으라고 배운다. 누군가가 뒤에 있으면 관찰당한다는 낌새를 느낄 수 있지만 옆에 있으면 주변 시야에 들어와 불안감을 느끼지 않고 쇼핑에만 집중할 수 있기 때문이다. 인류학자는 연구 사실을 대상자에게 반드시 알린다. 그런 면에서 쇼핑객이 눈치채지 못하게 그들을 관찰하는 추적자들의 방식은 인류학의 참여관찰과 성격이 조금 다르다고도 할 수 있다. 그러나 관찰을 통해 아무도 알아채지 못한 중요한 요소를 발견하고, 이것의 맥락을 총체적으로 파악해 결국 연구 대상의 실체를 밝혀낸다는 점에서는 인류학과 크게 다를 바 없다.

소비자는 혜택과 편의만을 추구하지 않는다

김경동과 여산이 공저한 《삼성페이 이야기》에는 애플보다 한발 앞서 모바일 결제라는, 전에 없던 새로운 서비스를 개발한 흥미로운 이야기가 담겨 있다. 저자 중 한 명인 김경동이 마침 내 지인이라 삼성페이 이전에 삼성전자에서 개발했던 삼성월렛 간편결제에 관련한 생생한 이야기를 들을 수 있었다. 당시 삼성전자는 삼성월렛 간편결제를 오프라인 매장 거래에 적용하기 위해 스마트오더smart order 기술을 테스트하고 있었다. 스마트오더란 애플

리케이션으로 미리 주문하고 결제한 상품을 오프라인 매장에서 대기 없이 원하는 시간에 수령하는 서비스를 가리킨다. 지금이야 교보문고 바로드림 서비스나 배달의민족 앱, 스타벅스 사이렌오더 등이 널리 쓰이고 있지만, 2014년 당시만 해도 스마트오더는 상점 주인과 소비자 모두에게 익숙하지 않은 개념이었다.

개발자들은 스마트오더에 대한 소비자 반응을 알아보고자 삼성전자 수원 사업장 인근 커피 매장 오너를 설득해 일정 기간 스마트오더를 테스트하기로 했다. 현장 주문과 온라인 주문을 통합하는 시스템이 부재했던 때라 스마트오더를 도입하려면 온라인 주문만을 전담 처리할 기기와 인력을 따로 둬야 했다. 이에 개발자들은 매장 오너들의 부담을 줄이기 위해 스마트오더 전용 소프트웨어가 설치된 태블릿을 무상 임대하는 동시에 스마트오더로 주문하는 고객에게 음료 할인 쿠폰을 제공하는 프로모션을 진행하기로 했다. 매장 앞에 스마트오더 방식을 안내하는 엑스 배너도 설치했다. '줄 서지 말고 웹에서 편하게 주문하고 결제하세요. 30% 할인 음료 쿠폰도 드립니다' 하는 내용이었다.

그런데도 스마트오더 이용은 하루 세 건에 불과했다. 초조해진 개발자들이 커피 매장에 직접 나가 관찰하니 소비자들은 일행과 대화 나누기에 바빠 배너에는 눈길조차 주지 않았다. 줄을 서는 동안 무료해서 배너 광고를 유심히 보리라는 예상은 보기 좋게 빗나갔다. 더 적극적으로 홍보할 필요성을 느낀 개발자들은 매장 문 앞에 설치한 배너를 계산대 근처로 옮겼다. 그 결과 배너에 눈길을 주는 소비자는 확실히 늘었지만, 효과는 딱 거기까지였다. 줄 서지 말고 편안하게 앉아서 주문하라는 광고 문구를 읽고도 사람들은 여전히 줄에서 이탈하려 하지 않았다. 웹에서 주문한답시고 줄에서 이탈했다가 순서가 더 늦어지는 게 아닐까 염려했기 때문이다.

관찰을 통해 이 사실을 알아낸 개발자들은 이번에는 매장을 나서는 소비자에게 스마트오더를 알리는 전단지를 나눠주는 방법으로 홍보 방식을 바꾸었다. 덕분에 스마트오더 주문이 하루 세 건에서 서른 건으로 늘었지만, 이 역시도 개발자들의 기대에는 한참 못 미치는 수준이었다.

개발자들이 놓친 부분은 과연 무엇이었을까. 스마트오더라는 새로운 주문 방식이 있음을 인지하고도 소비자들이 선뜻 스마트오더를 사용하지 않은 것은 편의성과 혜택보다 익숙함과 편안함을 더 선호했기 때문이다. 가령 어떤 사람이 사무실에서 스마트오더로 도보 5분 거리에 있는 커피숍에 커피를 주문하고 결제했다고 하자. 이런 경우 이 사람이 아무 문제 없이 5분 안에 커피숍에 도착해 커피잔을 손에 쥘 확률은 얼마나 될까. 가는 길에 급한 일이 생겨 아예 커피숍에 못 가게 될 수도 있고, 중간에 지인을 만나 다른 커피숍에 가게 될 수도 있으며, 커피숍에 늦게 도착하는 바람에 차갑게 식은 커피를 받게 될 수도 있다. 이런 모든 변수를 고려해야 한다는 부담감과 성가심이 스마트오더에 대한 저항감으로 이어진 것이다.

그렇다면 비슷한 시기 개발된 스타벅스 사이렌오더는 어떻게 성공할 수 있었을까. 사이렌오더는 매장에서 사람 귀에는 안 들리는 고주파 신호를 쏘면 내 스마트폰 마이크가 이를 인식해 내가 매장에 들어섰다는 사실을 알리는 방식으로 작동한다. 내가 매장에 들어서야만 비로소 주문과 결제가 완료되어 커피가 만들어지기 시작하기 때문에 식은 커피를 받을 걱정이 없다. 행여라도 주문만 해 놓고 매장에 가지 못해도 이튿날이면 카드결제가 취소된다.

그러나 우리가 더 주목해야 할 점은 사이렌오더가 코로나19 시기를 거치면서부터 급성장했다는 사실이다. WHO가 팬데믹을 선언한 지 한 달 후인 2020년 2월 사이렌오더 주문 건수는 전년 같은 기간 대비 25% 증가했고, 1년 뒤인 2021년 5월에는 하루 평균 20만 건의 주문 건수를 기록하며 누적 주문 건수 2억 건을 돌파했다. 2014년 5월 론칭 이후 사이렌오더 누적 주문 건수가 1억 건에 도달하기까지 5년 4개월이 걸렸지만, 2억 건을 기록하기까지는 1년 8개월밖에 걸리지 않았다. 이는 팬데믹이라는 예상치 못한 거대한 압력 때문에 우리가 그간 고수해 왔던 문화 습관을 거의 강제적으로 변화시켜야 했으며 주문 및 결제 방식에서도 같은 현상이 일어났음을 보여 주는 증거다.

일찍이 삼성전자 개발자들이 스마트오더 프로젝트를 진행하면서 참여관찰을 통해 깨친 바도 이와 같았다. 혜택이나 편의성이 뛰어나면 소비자들이 기꺼이 결제 방식을 바꾸리라는 예측은 어긋났다. 대신 결제 행위는 일종의 문화이며, 경험 축적으로 새로운 습관을 형성해야 새로운 결제 문화가 자리잡을 수 있음을 깨달았다. 이렇게 얻은 통찰이 삼성페이 출시 전략에 큰 영향을 미쳤음은 물론이다. 삼성페이를 일종의 문화 코드로 만들어 전파하고 확산해야 한다는 전략이 나올 수 있었던 이유다.

정통 경제학의 기본 전제는 '소비자는 이성적이고 합리적인 존재'라는 것이다. 소비자가 이해득실을 깐깐하게 따져 자신에게 이익이 되는 행동만을 한다는 믿음이 있어야 그에 따른 전략도 세울 수 있기 때문이다. 그러나 스마트오더 사례가 증명하듯 소비자는 혜택이나 편의에 따라서만 움직이는 존재가 아니다. 노벨경제학상 수상자 리처드 탈러Richard H. Thaler를 위시한 행동경제학자들의 주장까지 끌어들이지 않더라도 우리는 자신이 이성적이고 합리적인 존재가 아니라는 걸 잘 안다. 우리는 쉽게 논리적 오류에 빠지고, 그릇된 판단을 내린다. 때로는 자신을 속이거나 자신이 진정 무엇을 원하는지 모른다. 자기 행동이나 사고에 무엇이 영향을 미치는지도 알아채지 못한다.

"사자가 사냥하는 법을 보려면 동물원이 아닌 정글로 가라."

한때 위기에 처했던 P&G의 구원투수로 불린 앨런 래플리Alan George Lafley 전 회장이 한 말이다. 동물원에서는 사자의 본성을 제대로 볼 수 없듯 설문조사지로는 소비자의 맨얼굴을 볼 수 없다. 소비자를 알고 싶다면 그들이 거주하고 쇼핑하며 놀고 일하는 공간으로 들어가야 한다. 그들이 제품을 구매하고 사용하며 감탄하고 불평하는 상황에 함께해야 한다. 그리고 마치 아무런 사전 정보 없이 지구에 도착한 외계인처럼, 갓 세상에 태어난 어린 아이처럼 선입견 없는 눈으로 그들을 관찰해야 한다.

Tolerance

Hidden Desire

Informants

Context

Kindred Spirit

THICK data
PART 2

Big data가 모르는 진실을
Thick data는 안다

01

비즈니스 통찰은 Big data가 아닌 Thick data에서 나온다

요즘 젠지Gen Z들에게 '휴대전화란 곧 애플의 아이폰'이지만, 아이폰이 갓 출시된 때만 해도 '세계 최고의 휴대전화 제조사'는 누가 뭐래도 노키아Nokia였다. 그러나 노키아는 지금 젠지 대부분이 그 이름조차 들어본 적 없는 회사가 되고 말았다. 왜 이런 일이 벌어졌을까. 노키아가 몰락한 원인에 관해서는 여러 의견이 있지만, 내게는 인류학자인 트리시아 왕Tricia Wang이 'big data에 thick data가 필요한 이유Why Big Data Needs Thick Data'라는 글에서 피력한 의견이 가장 인상적이고 흥미롭다.

아이폰 출시 2년 후인 2009년, 노키아는 새로운 스마트폰 개발 전략을 위해 어마어마한 고객 데이터를 확보하는 한편, 인류학자를 고용해 중국 저소득층의 휴대전화 사용 실태를 조사하기로 한다. 이때 노키아와 협업한 인류학자가 바로 트리시아 왕이다. 그는 중국 10대들과 인터넷 카페에서 밤을 지새우거나 건설 노동자에게 만두를 파는 등 저소득층의 일상으로 파고들어 수개월 간 참여관찰을 시행한 끝에 누구도 예상하지 못한 결론에 다다른다. 저소득층도 스마트폰을 향한 강한 열망을 품고 있으며 자기 월급을 훌쩍 뛰어넘는 가격일지라도 아이폰을 구매할 의사가 확실하다는 것이다. 그는 이러한 결과를 바탕으로 당시 노키아가 추진하던 저소득층 사용자를 위한 저렴한 스마트폰 개발 전략을 재고해야 한다고 주장한다.

그러나 노키아는 트리시아 왕의 연구 결과를 무시한다. 그들이 자체적으로 수집한 big data로는 그런 징후를 전혀 발견하지 못했으며 샘플 크기가 겨우 100개 정도에 불과한 트리시아 왕의 연구는 신뢰하지 못하겠다는 것이 그 이유였다. 정성적인 데이터에 기반한 연구 결과는 믿기 어렵고, 샘플 크기가 통계학적으로 유의미한 경우에만 그 결과를 믿을 수 있다는, 정량적인 데이터에 대한 맹종에서 비롯된 의사 결정이었다.

우리는 노키아의 이러한 결정이 어떤 결과를 초래했는지 잘 알고 있다. 트리시아 왕은 노키아가 지나치게 숫자에만 의존한 나머지 쉽게 측정할 수 없는 정성적인 데이터를 해석하는 법은 잘 몰랐다는 점이 패착이었다고 말한다. 한마디로 '측정할 수 있는 것이 항상 가치 있는 것은 아니다What is measurable isn't the same as what is valuable'라는 사실을 간과했다는 것이다.

우리는 엄청난 양의 데이터와 최첨단 알고리즘이 궁극의 해결법을 제시하는 big data의 시대에 살고 있다. '구글 신은 모든 것을 안다'라는 말처럼 big data가 해결하지 못할 문제는 없을 것만 같다. 그러나 트리시아 왕은 big data에 투자한 기업의 8%만이 big data로 중요한 작업을 수행하고 있으며 big data 프로젝트의 73% 이상은 이윤을 남기지 못한다고 꼬집는다. big data는 전력망, 물류, 유전 암호처럼 변동 없고 안정적인 체계를 수량화하는 데는 유용하지만, 유동적이고 불안정한 체계, 가령 인간과 관련한 문제에는 그렇지 못하기 때문이다. 따라서 노키아처럼 사람들이 아이폰과 같은 고가의 스마트폰을 구매할지 아닐지 예측하는 데 big data에만 의존하면 잘못된 의사 결정을 내리게 될 위험이 커진다는 것이다.

그러면서 트리시아 왕은 big data를 제대로 활용하려면 인문학적 이해를 바탕으로 한 새로운 종류의 데이터가 필요하다고 말한다. 그것이 바로 thick data다.

상황과 맥락에 숨겨진
의미를 파악하라

|

트리시아 왕은 'thick data'라는 개념을 인류학자 클리퍼드 기

어츠의 'thick description'에서 가져왔다고 밝힌다. 기어츠는 '중층 기술 : 해석적 문화 이론을 향하여Thick Description : Toward an Interpretive Theory of Culture'라는 글에서 어떤 사회 조직이나 생활양식에 대한 인류학자의 기록은 thick description의 작업이어야 한다면서 철학자 길버트 라일Gilbert Ryle이 발표한 논문의 한 사례로 이 개념을 설명한다.

두 명의 소년이 오른쪽 눈의 눈꺼풀을 빠르게 수축시키고 있다고 하자. 한 명은 본인 뜻과 무관하게 일어난 일이라 하고, 다른 한 명은 친구에게 보내는 신호라고 한다. 두 소년의 동작은 그 자체로는 완전히 똑같아서 어떤 쪽이 윙크이고, 어떤 쪽이 경련인지 구별할 수 없다. 그러나 의미 면에서는 눈의 경련과 윙크는 엄청난 차이가 있다. 경련에는 아무런 의미가 없지만, 윙크는 아주 정확하고 특별한 방식으로 의사를 전달하는 수단이다.

여기까지가 라일의 논의라면 기어츠는 여기에서 더 나아간다. 세 번째 소년이 나타나 친구들을 즐겁게 해 줄 요량으로 첫 번째 소년을 흉내 낸다면? 이 소년이 완벽하게 흉내 내기 위해 집에서 거울을 보며 연습한다면? 또 친구에게 신호를 보내려 윙크했다는 소년이 거짓말을 했고, 그 소년의 눈꺼풀 수축에 실은 아무런 의미가 없다면? 이런 경우 소년의 동작이 의미하는 바는 또 달라질 것이다. 눈꺼풀 수축은 그 자체로 독립적으로 존재할 수 없고, 반드시 맥락 안에, 그 의미를 해석할 의미망 안에 있다. 바로 이것이 thick description이 필요한 이유다. thin description이 '황급히 눈꺼풀을 수축하는 행위'라고만 표현한다면 thick description은 그 행위가 경련인지 윙크인지 윙크의 흉내인지, 윙크 연습인지 맥락에 따라 다른 의미를 부여한다.

위의 사례를 통해 알 수 있듯 thick description은 인류학을 포함한 모든 학문 영역에서 인간 행위를 파악할 때 행위 자체뿐 아니라 그 맥락까지 설명하는 것을 가리킨다. 연구자가 현장에서 관찰한 일을 기술하면서 그 고유한 맥락과 상황 조건을 함께 밝힘으로써 연구 대상이 드러내지 않았거나 드러내지 못한 의도나 전제를 생생하고 구체적이며 치밀하고 풍부하게 묘사하는 것이다. 이를 통해 연구자는 현장에서 일어난 일의 의미가 무엇인지 심층적으로 해석할 수 있게 된다.

앞 장에서 언급한, 기어츠의 글 '심층 놀이 : 발리의 닭싸움에 관한 기록들'을 다시 떠올려 보자. 기어츠는 '거기서 싸우는 것은 표면적으로만 수탉일 뿐, 실제로는 인간'이라면서 닭싸움의 맥락과 상황에 맞는 조건을 하나하나 밝힌다. 수탉은 발리 남성에게 '그 자체의 생명력을 가지는 정력적인 생식기로 간주'되는 동시에 '인간의 지위와 정반대인 동물성의 직접적 표현'으로 받아들여진다. 다시 말해 수탉은 이상적인 자아인 동시에 가장 무섭고 혐오스러운 암흑의 힘을 상징한다. 닭싸움 내기는 표층적으로는 '돈 도박'이지만, 심층적으로 보면 '지위 도박'이다. 대다

수는 '닭에 대한 평가나 확률이론, 심지어 불로소득에 대한 기대가 아니라 친족에 대한 그들의 동맹을 표현하고 있기' 때문이다. 발리 남성들이 닭싸움에 미친 듯이 엄청나게 많은 돈을 거는 것은 '상대방의 남성성, 즉 그의 지위의 원천적인 근거를 직접적으로 공격하는 것'이다. 그러나 이것을 통해 정말로 지위가 달라지는 사람은 아무도 없다고 한다.

기어츠는 계층서열에 존재하는 감정이 오로지 닭싸움을 통해서 자연스럽게 드러나는 것이라고 지적하면서 '질투도 평정만큼이나, 시기심도 우아함만큼이나, 폭력성도 매력만큼이나 발리를 이루는 한 부분이다. 그러나 닭싸움이 없었다면 발리인들은 그런 것들을 잘 이해하지 못했을 것이고, 아마도 그런 이유로 발리인들은 닭싸움을 그렇게 높이 평가하는 것'이라고 밝힌다.

만일 기어츠가 닭싸움을 thick description으로 생생하게 그리지 않았다면 다른 문화권인 우리에게 발리의 닭싸움은 무모하고 한심한 도박에 불과했을 것이다. 그러나 발리 남성에게 수탉이 어떤 의미인지, 닭싸움을 통해 그들이 무엇을 경험하고 느끼는지 풍부하고 정밀하게 중층적으로 묘사한 기어츠 글을 통해 우리는 닭싸움의 진정한 의미를 서서히 알게 된다.

이렇듯 사람들의 행위에는 반드시 맥락이 있고, 그것을 파악해야만 비로소 숨겨진 의미가 드러난다. 트리시아 왕이 big data에 대응하는 thick data라는 용어를 제안한 이유다. big data

를 분석하려면 모든 프로세스를 정규화, 표준화해야 한다. thick data는 이 과정에서 필연적으로 유실되는 사람과 그의 실제 경험, 맥락과 의미를 복원하는 가장 유용하고 중요한 도구가 될 수 있다.

맥락을 품은
'스토리'에서 얻는 '왜'에 대한 통찰력

thick data의 의미를 더 깊게 이해하려면 big data와 비교하는 방법이 가장 효과적일 것이다. big data는 정량적定量的, quantitative 이고, thick data는 정성적定性的, qualitative이다. big data가 머신 러 닝machine learning에 의존한다면 thick data는 인간 학습에 의존한다. big data는 패턴 식별을 위해 변수를 제거하지만, thick data 는 복잡성을 수용한다. big data는 해상도resolution가 떨어지고, thick data는 확장성scalability이 떨어진다.

이런 차이 덕분에 오히려 big data와 thick data는 서로를 보완할 수 있다. 정량적인 정보인 big data로는 '무엇을 얼마나'에 관해 알 수 있고, 정성적인 정보인 thick data로는 '왜, 어떠한 맥락에서'에 대해 통찰할 수 있다. 머신 러닝에 의존하는 big data 로는 정확성을, 인간 학습에 의존하는 thick data로는 보편적인 진실을 추구할 수 있다. 변수를 제거함으로써 패턴을 식별하는 big data는 불확실성이 적을 때 유리하고, 반대로 불확실성이 클 때는 복잡성을 수용하는 thick data가 도움이 된다. big data가 과거 벌어진 일과 현재 일어나고 있는 일을 말해 준다면, thick data는 미래에 있을 일, 아직 알지 못하는 일을 알려 준다.

이렇듯 big data와 thick data는 서로 반대되는 개념도, 우월을 가릴 수 있는 개념도 아니다. 기업이 소비자를 완벽하게 이해하고자 한다면 big data와 thick data 모두가 필요하다. 문제는 그간 우리가 big data를 객관적이고 신뢰할 수 있는 정보로, thick data는 주관적이고 믿을 만하지 못한 정보로 받아들였다는 데 있다.

이는 아마도 thick data가 '스토리story'를 담고 있기 때문일 것이다. 흔히 스토리라 하면 개인적이고 비과학적이라 생각하기 쉽지만, 트리시아 왕은 스토리는 일화anecdote와는 명확히 구별되는 개념이라고 선을 긋는다. 일화는 무심코 수집되고 공유되며 맥락이 없는 반면, 스토리는 연구 맥락에 따라 의도적으로 수집되고 체계적으로 분석되며 결과적으로 통찰력을 제공한다는 것이다.

스토리에는 사람들이 일상에서 경험하는 수많은 감정이 들어 있다. 이 감정을 분석해야 기업이 그토록 궁금해하는 '왜'가 설명된다. 소비자가 왜 그 브랜드에 열광하는지, 가격이 비싸도 왜 잘 팔리는지, 이런 현상이 왜 유행하는지 big data는 말해 주지 못한다. 오로지 thick data만이 '도대체 왜?'에 해당하는 스토리를 제공할 수 있다.

2008년 월스트리트발 금융위기를 다룬 영화 〈빅쇼트The Big Short〉에서 마크 바움과 동료들은 서브프라임 모기지 상품 대부분이 엉터리라는 정보를 입수하고 진위를 확인하기 위해 플로리다로 간다. 그들은 인류학자가 하듯 집집마다 방문해 다양한 사람들을 만난다. 집값의 5%만 내고 다섯 채의 집을 분양받은 스트리퍼, 대출 서류에 사인만 하면 묻지도 따지지도 않고 돈을 빌려주는 브로커, 심지어 키우던 개 이름으로 대출받은 사례까지 마주한 그들은 미국의 금융 시스템이 곧 붕괴하리라 직감한다. 그리고 역사상 유례가 없는 공매도 배팅을 결정한다.

고학력 엘리트로 가득한 월스트리트도 내다보지 못한 미래를 이들은 어떻게 예측할 수 있었을까. 이들은 현장을 발로 뛰어 스토리를 듣고 thick data를 모았다. 샘플 크기가 작다거나 몇몇 사람들의 주관적인 이야기라며 thick data를 무시하지도 않았다. 결국 이들을 움직인 것은 숫자로 채워진 객관적인 보고서가 아니라 사람들의 생생한 스토리에서 얻은 직관적인 통찰력이었다.

빅토르 위고의 소설 《레미제라블Les Miserables》을 읽으면 5년에 걸친 프랑스 혁명 기간에 파리에서 어떤 일이 일어났는지 마치 그 시대를 살아보기라도 한 듯 생생하게 실감할 수 있다. 장발장을 비롯한 등장인물들, 그 개인적인 삶의 스토리에 우리가 깊이 공감하기 때문이다. 몇몇 등장인물이 어떻게 당시를 살아가던 다수를 대변할 수 있느냐고 의심하는 사람은 없을 것이다. 미국의 심리학자 칼 로저스Carl Ransom Rogers의 말처럼 '가장 개인적인 것이 가장 일반적인 것'임을 알기 때문이다.

이처럼 한 사건이나 현상이 일어난 맥락과 전체 사회와의 관계를 탐구하고 그 의미를 해석하는 일에 샘플 크기가 얼마나 되느냐는 중요한 문제가 아니다. 데이터 분석의 객관성을 담보하는 것은 샘플의 크기big가 아니라 그 해석과 인사이트의 깊이thick다. thick data는 샘플 크기는 작더라도 스토리를 담고 있고, '왜'에 대한 통찰을 제공하므로 사회 현상을 분석하는 데 절대 무시할 수 없는 도구다.

내가 트리시아 왕의 모든 의견에 동의하는 것은 아니다. 트리시아 왕은 TED강연 'big data에는 없는 인간의 통찰The human insights missing from big data'에서 big data를 예언자 오라클Oracle에 빗댄다. 그러면서 thick data는 오라클의 예언을 해석하고 풀이하는 신전 가이드와 같다고 한다. 그러나 나는 thick data는 big data를 해석하는 도구가 아니라 그 자체로 통찰의 도구라고 생각한다. thick data로 얻은 통찰을 big data로 증명하거나, 기존 big data에서 유실되거나 부족한 데이터를 새로 모을 방법을 고안하여 이를 분석함으로써 궁극적으로는 'smart data'를 도출해야만 좋은 의사 결정을 할 수 있다고 본다. 이에 대해서는 뒤에서 더 자세히 다루기로 하고, 일단 다음 장에서는 big data에만 의존하지 않고 thick data를 활용함으로써 위기에서 벗어날 수 있었던 기업들에 대해 살펴보기로 한다.

02

Thick data는
우리에게 무엇을 줄 수 있을까

1997년 비디오 대여점으로 시작, 현재는 전 세계 190여 개국에 영상 스트리밍 서비스를 제공하여 매년 수조 원의 수익을 창출하는 기업이 있다. 엔터테인먼트 산업계에 지각 변동을 일으켰다는 평가를 들으며 애플, 아마존과 어깨를 나란히 하게 된 곳, 바로 넷플릭스다.

수많은 이가 넷플릭스의 극적인 성장과 성공의 비밀을 파헤치는 데 도전했다. 이 과정에서 가장 많이 언급되는 단어는 단연 'big data'다.

넷플릭스는 영상 스트리밍 서비스를 시작하기 5년 전인 2002년부터 DVD 대여 사업에 '시네매치cine match'를 활용했다. 시네매치는 고객이 매긴 영화 별점을 바탕으로 다음에 어떤 영화를 선택할지 예측하는 추천 알고리즘이다. 2006년부터는 시네매치의 정확도를 10% 이상 올리는 팀에게 100만 달러의 상금을 수여하는 '넷플릭스 프라이즈'를 매년 개최하여 시네매치를 더욱 정교하게 다듬어 왔다.

"고객은 아무것도 할 필요가 없다. 그들이 무얼 좋아할지는 우리가 찾아낼 수 있다."

넷플릭스 알고리즘 개발자 크리스 볼린스키Chris Volinsky의 호언장담대로 시네매치는 넷플릭스 이용자들의 만족도를 80%대로 끌어올리며 명실공히 넷플릭스의 가장 강력한 무기가 됐다.

오늘날의 넷플릭스가 있게 한 또 하나의 일등 공신, 〈하우스 오브 카드House of Cards〉의 성공 역시 big data의 결과물이라고 알려져 있다. 역사상 최초로 이용자들의 시청 패턴과 취향에 관한 big data를 활용해 주인공, 감독, 스토리 등 흥행에 중요한 요소를 결정했다고들 한다.

그런데 big data의 승리로 일컬어지는 이런 일화 뒤에는 사람들이 잘 모르는 이면이 존재한다. 가령 시네매치의 경우 그 정확도는 점점 향상했지만, 수익 개선 효과는 미미했다. 〈하우스 오브 카드〉 역시 알려진 바와 달리 감독이나 배우 선정 등에 넷플릭스는 관여한 바가 없다고 한다. big data가 배급 과정에 활용되긴 했지만, 창작 과정에는 영향을 주지 않았다는 것이다(이는 〈오징어 게임〉, 〈더 글로리〉와 같은 최근의 오리지널 시리즈에도 변함없이 적용되는 넷플릭스의 제작 방침이다).

그렇다면 넷플릭스 신화의 진실은 무엇일까. 넷플릭스의 성장과 성공에 결정적인 영향을 미친 요소는 무엇일까. 추천 알고리즘 너머, 진짜 넷플릭스 이용자들의 민낯을 보게 하고, 〈하우스 오브 카드〉의 가장 효율적인 제작 방식을 제안한 '해결사'는 big data 전문가가 아니었다.

만일 내가 넷플릭스 드라마 세 편을 연속해서 틀어 놓은 채 휴대전화로 뉴스를 검색하고 있다면 어떨까. 알고리즘은 이런 시청자를 가려내기 위해 일정 시간 화면 조작이 없으면 '아직도 시청 중이십니까?'라는 메시지를 보낸다. 이를 통해 시청자가 콘텐츠에서 이탈했음을 확인할 수는 있을 것이다. 그러나 알고리즘은 시청자가 이탈한 이유까지는 알지 못한다. 콘텐츠가 재미없어서인지, 갑자기 급한 용무가 생겨서인지 알지 못하면 알고리즘은 이용자에 관한 반쪽짜리 정보만 제공할 뿐이다. 넷플릭스는 일찍부터 바로 이 점에 주목한 기업이었다.

이런 문제를 해결하기 위해 넷플릭스는 big data에만 의존하지 않고 인류학자를 고용하기로 한다. 넷플릭스의 진정한 혁신은 바로 여기에서 시작된다.

시청자들의 거실에서 빈지워칭의
실체를 관찰한 넷플릭스

|

넷플릭스는 big data를 통해 이용자들이 어떤 콘텐츠를 어느 시간대에 어느 정도의 간격을 두고 시청하는지 이미 알고 있었다. big data는 사용자들이 드라마 에피소드 전체를 시청하는 데 최소 이틀에서 최대 일주일밖에 걸리지 않는다는 사실을 알려 줬다. 같은 프로그램을 한 번에 두 편 이상 연속해서 시청하는 이러한 패턴을 넷플릭스 이용자들은 '빈지워칭binge watching, 몰아보기'라고 부른다.

지금 미국에서는 빈지워칭이 '넷플릭스 보기'와 동의어로 쓰이지만, 사실 인기 드라마 시리즈 전편을 여러 사이트에서 내려받아 한꺼번에 시청하는 경향은 넷플릭스 이전부터 있었다. 다만 넷플릭스가 온라인 스트리밍 서비스를 시작하면서 몰아보기가 간편해짐에 따라 그 경향이 더욱 강화됐을 뿐이다.

넷플릭스는 big data를 통해 이용자 다수가 빈지워칭을 한다는 사실까지는 확인했지만, 그것이 어떤 의미인지는 알 수 없었다. 영어 표현 'binge'에는 '폭음'이나 '폭식'처럼 부정적인 의미가 담겨 있는데, '빈지워칭'이라는 개념에도 '통제할 수 없고 죄책감이 수반되는 행위'라는 뜻이 있는지 알아야 했다.

인류학자 그랜트 맥크래켄은 넷플릭스의 이러한 우려가 사실

인지 알아보기 위해 미국의 여러 가정을 방문해 넷플릭스 이용자들이 TV를 시청하는 방식을 직접 관찰했다. 그 결과 빈지워칭을 하는 이용자들은 불쾌감이나 죄책감보다 순수한 즐거움을 더 많이 느낀다는 사실을 발견했다.

맥크래켄은 이 결과를 한마디로 "카우치 포테이토가 각성했다The couch potato has awoken"라고 표현한다. '카우치 포테이토couch potato'란 소파couch에 누워 감자 칩potato을 먹으며 TV만 들여다보는 사람을 뜻하는 속어다. 그에 따르면 빈지워칭을 하는 넷플릭스 이용자들은 전형적인 카우치 포테이토처럼 수동적이고 고립된 게으름뱅이가 아니다. 오히려 자신만의 일정에 따라 자기 주도적으로 콘텐츠를 소비하며, 친구나 가족들과 함께 온라인 또는 오프라인에서 콘텐츠에 관한 대화를 나누면서 즐기고 있다는 것이다.

그러면서 맥크래켄은 다소 부정적인 어감이 있는 '빈지'를 긍정적이며 통제할 수 있고 남들과 함께 즐긴다는 의미로 '피스팅feasting, 연회'으로 바꿔 부르자고 제안한다. 넷플릭스 이용자는 절제하지 못하고 TV에 질질 끌려다니는 사람이 아니라 자기 통제하에 기꺼이 만찬을 즐기는 사람이라는 뜻이다.

맥크래켄 연구팀은 TV도 예전의 '바보상자boob tube'에서 탈피해 수준 높은 콘텐츠를 제공하고 있다고 봤다. 사람들이 열정적이고 비판적이며 지적으로 콘텐츠를 소비하고 있으므로 TV도

똑똑한 시청자를 만족시키기 위해 더 좋은 콘텐츠를 생산하는 선순환이 이뤄지고 있다는 것이다.

그들은 스포일러spoiler에 관해서도 연구했다. 빈지워칭 문화에서는 필연적으로 스포일링을 당할 위험이 커지는데, 연구팀은 이런 식으로 결말을 미리 알게 된다고 해서 작품을 끝까지 볼 동력이 사라지거나 감상의 즐거움이 줄어들진 않는다는 사실을 발견했다. 넷플릭스 이용자들은 자신이 빈지워칭한 콘텐츠에 관해 지인들과 대화하길 원했고, 아직 보지 않은 사람을 배려해 말을 아낄 필요는 없다고 생각했다. 또 원치 않은 스포일러로 시리즈 시청을 중단한 적이 거의 없고, 오히려 볼 계획이 없었거나 알지 못했던 시리즈에 관심이 생긴 적이 있다고 답했다.

이런 결과를 바탕으로 넷플릭스는 자체 제작한 〈하우스 오브 카드〉 시즌 1의 에피소드 13편을 빈지워칭이 가능하도록 한꺼번에 공개하기로 한다. 보유하고 있던 기존 드라마 시리즈가 아니라 새로 제작한 드라마를 이런 방식으로 공개하는 것은 2013년 당시에는 매우 파격적인 결정이었다. 시청자가 원하는 콘텐츠만 단기간에 몰아보고 구독을 해지하는 일을 막으려면 자체 제작 시리즈를 연속해서 되도록 단시일 내에 만들어 내야 한다. 드라마를 순차적으로 공개하면 두세 달에 걸쳐 구독자를 견인할 수 있는데, 이런 효과도 포기해야 한다. 대신 넷플릭스는 빈지워칭을 자신만의 핵심 정체성으로 삼기로 한다. 넷플릭스를 이용하면 다음 회차가 공개되기까지 인내할 필요가 없고, 내가 원하는 순간에 원하는 즐거움을 누릴 수 있다는 이미지를 강화하기로 한 것이다.

이와 동시에 넷플릭스는 'TV Got Better(TV는 더 나아지고 있다)' 캠페인을 시작한다. TV는 바보상자라는 오랜 통념을 과감히 부수고, TV 시청을 건강하고 새로운 소비 형태로 자리매김하려는 대담한 시도였다.

〈하우스 오브 카드〉가 넷플릭스에 공개되자 미국 내 구독자는 200만 명, 해외 구독자는 100만 명 증가했고, 37억 5,000만 달러의 순이익을 기록했다. 에미상 세 개 부문, 골든글로브상 한 개 부문에서 수상하는 등 작품성도 인정받았다.

혹자는 맥크래켄의 연구가 넷플릭스에 관한 연구라기보다 홍보에 가깝고, 알고리즘의 미래가 디스토피아처럼 보이지 않도록 big data에 인간의 얼굴을 씌웠을 뿐이라고 비판한다. 그러나 나는 넷플릭스가 인류학자와 협업해 big data의 모호한 안개에 갇힌 소비자를 정확하게 들여다보려 시도했고, 그 결과를 의사 결정에 반영했다는 사실만으로 이미 혁신적이라고 생각한다.

팬데믹 이후로 넷플릭스는 또 다른 변신을 준비하고 있다. 넷플릭스의 최고 인기 시리즈 〈기묘한 이야기Stranger Things〉 시즌 4는 에피소드를 한꺼번에 공개하지 않고 5주 간격으로 두 차례에 나눠 공개했다. 넷플릭스 구독자 수가 점차 줄고 OTT 시장의 경

쟁이 과열되는 상황에서 새로운 시도가 필요했으리라. 넷플릭스
가 향후 어떤 변화를 꾀하든 그 구동력은 아마도 '이용자를 더 잘
이해하려는 열망'일 것이다.

아이들이 원하는 장난감이 아니라 '놀이'의 본질에 주목한 레고

|

한때 '20세기 최고의 장난감'으로 칭송받던 레고Lego가 1990년
들어 출산율 저하, 비디오 게임의 부상 등으로 위기에 봉착한다.
레고는 문제 해결을 위해 대규모 설문조사를 벌여 big data를
수집한다. 그 결과 요즘 아이들은 시간 압박이 심하고 놀이 시간
이 거의 없으므로 오랜 시간을 들여 조립하는 브릭 장난감은 더
는 인기를 못 끌 거라는 결론에 도달한다. 이런 가정을 바탕으로
레고는 사업 영역의 변화를 꾀한다. 창의력과 인내심을 덜 요구
하고 즉각적인 재미를 선사하는 비디오 게임과 더 매력적인 외
양을 지닌 캐릭터 인형 등으로 사업을 확장한 것이다.

결과는 비참했다. 레고의 새로운 전략은 어린 소비자들의 마
음을 사로잡지 못했을 뿐 아니라 어릴 때 레고를 가지고 놀던 부
모 세대에게도 외면 받았다. 사태의 심각성을 깨달은 레고 경영
진은 근본적인 문제부터 점검하기로 한다.

이때 구원투수로 등장한 것이 바로 덴마크의 컨설팅그룹 ReD다. 이들은 전통적인 경제학과 경영학이 아닌, 인문학 특히 현상학을 컨설팅 기법에 접목하기로 유명하다. 이 회사의 공동 대표 크리스티안 마두스베르그와 미켈 B. 라스무센은 2014년 11월 〈조선비즈〉와의 인터뷰에서 이렇게 말했다.

"정말 인간이 숫자와 데이터로 전체를 설명할 수 있는 존재인가. 우리는 아니라고 생각한다. 숫자로 나타난 정보는 사람의 부분일 뿐 이를 아무리 조합해도 완벽한 한 사람을 만들어 낼 수는 없다. 그런데 회사가 커지면 커질수록 고객을 이해한다면서 각종 숫자 와 데이터에만 몰두한다. 정작 고객은 만나지 않으면서 숫자와 데이터에 의지해 고객을 추측하려 한다."

이 말에서 짐작할 수 있듯 ReD는 big data 사업을 하지 않 는다. 대신 고객의 생활반경 안으로 들어가 그들과 함께 생활하 며 대화하고 관찰한다. 직원 대부분은 MBA 출신이 아니라 인류 학·사회학·철학 전공자다.

ReD가 레고의 의뢰를 받고서 가장 먼저 한 일은 질문 바꾸기 였다. '아이들은 어떤 장난감을 좋아할까'를 '과연 장난감이란 무엇인가'라는 근원적인 질문으로 바꾼다. 그런 다음 '레고 인류 학자 lego Anthros'라는 조사팀을 꾸려 미국과 독일의 가정집에 파견한다.

공동 대표 두 사람이 집필한《우리는 무엇을 하는 회사인가? The Moment Of Clarity》에는 레고 인류학자들의 활약상이 자세히 묘사된다. 레고 인류학자들은 고객에게 친숙하고 안전한 공간, 즉 가정으로 들어가 그들을 심층 인터뷰하는 한편 아이들이 놀고 쉬며 공부하는 일상을 사진과 영상물로 남기고, 함께 장난감을 쇼핑하면서 몇 달간 thick data를 수집한다.

장난감 업계는 아이들의 주의 집중 시간이 매우 짧다는 가설을 오랫동안 의심하지 않았지만, 현실 세계에서 아이들을 실제로 관찰한 레고 인류학자들은 정반대의 결론을 도출한다. 아이들은 난도 높은 놀이 경험에 강한 의욕을 보이며 이를 통해 성취감을 느낀다. 이런 놀이는 또래 집단에서 나름의 서열을 정하는 수단이 되기도 한다. 알고 보면 아이들이 비디오 게임을 좋아하는 이유도 이와 다르지 않다. 비디오 게임은 즉각적인 만족감을 얻을 수 있어서가 아니라 점수를 얻기 위해 매우 정교한 기술 습득이 필요해서 인기 있는 것이다. 인터넷 게임은 아무리 오래 갖고 놀아도 질리지 않을 만큼의 차등적인 레벨과 서열화를 통해 아이들에게 확실한 피드백을 제공한다. 즉 아이들이 레고처럼 복잡한 블록을 조립할 시간이 없고 주의 집중력도 약하다는 가정은 잘못된 것이었다. 아이들에게는 블록을 가지고 놀 시간이 있었고, 블록 조립을 잘하고 싶다는 욕구도 있었다.

이 연구를 바탕으로 경영진은 '레고의 본질을 좋아하는 사람을 위해 레고를 만들자'라는 슬로건을 내걸고, 아이들의 성취욕을 자극할 만한 제품, 즉 조립에 시간은 걸려도 그만큼 도전할 가치가 있고 재미있는 장난감을 만들기로 한다. 블록 개수가 더 많고 조립 방식이 까다로운 이 신제품에 아이들은 열광했고, 레고의 공식 도면 말고 자신만의 독창적인 조립법을 만들어 공유하기 시작한다.

매장에는 아이들이 자유로이 제품을 조립할 수 있는 '레고 클럽하우스'라는 공간을 만들었다. 또 어른을 위한 고난도 레고 시리즈를 출시하고 '레고에 열광하는 성인들의 모임'을 창설해 소비자들과의 접촉을 지속해서 확대해 갔다.

이렇게 '레고다움'에 집중한 결과는 놀라웠다. 글로벌 브랜드 컨설팅 업체 인터브랜드Interbrand가 발표한 '글로벌 100대 브랜드 2022'에 따르면 레고의 브랜드 가치는 세계 63위로 118억 달러에 달한다. 장난감 업계에서는 압도적 1위다. 이는 신규 시장에 섣불리 진출하기보다는 원점으로 돌아가 아이와 부모 들이 진정으로 원하는 바에 귀 기울인 덕분이다. 레고의 기적적인 회생은 thick data가 기업에 무엇을 해 줄 수 있는지를 잘 보여 주는 가장 명확한 증거다.

아디다스, thick data로
20년을 내다보고 준비하다

|

ReD의 연구가 빛을 발한 또 다른 사례는 아디다스에서 찾을 수 있다. 오랫동안 아디다스는 권투선수 무하마드 알리Muhammad Ali, 육상선수 제시 오웬스Jesse Owens와 같은 스포츠 엘리트를 위한 제품을 만들어 왔다. 매출 5%에 해당하는 최고의 선수들을 위해 제품을 개발하면 이들을 동경한 일반인들이 매출의 나머지 95%를 채운다는 것이 아디다스의 오랜 전략이었다.

《우리는 무엇을 하는 회사인가?》에 따르면 2003년 봄, 아디다스의 부사장 제임스 칸스James Carnes가 뭔가 미묘한 변화를 감지한다. 그는 산악자전거나 요가 매트를 들고 다니는 사람들과 부쩍 자주 마주쳤지만, 그들이 스포츠 대회에 출전하려고 훈련받진 않는다는 사실을 알아챘다. 그렇다면 이런 운동도 과연 스포츠라 할 수 있을까. 아디다스가 무언가 아주 중요한 진실을 놓치고 있는 건 아닐까.

이런 의문을 해소하기 위해 칸스는 ReD의 전문가들을 영입한다. 연구팀은 아디다스 고객들과 함께 이른 아침을 먹고서 강변을 달리거나 요가를 배우러 가거나 산악자전거를 탔다. 그리고 왜 운동하는지, 운동용품을 고르는 기준과 교체 시기는 어떻게 되는지 등을 관찰하고 인터뷰해 기록했다. 마침내 연구팀이

내린 결론은 아디다스의 오랜 전략과는 정반대였다. 그들은 스포츠 경기에 출전해 승리하려고 아디다스 제품을 사지 않았다. 그들은 경쟁에서 이기기 위해서가 아니라 더 건강한 몸과 마음을 지니기 위해 운동했다.

삼척동자도 알 만한 일에 컨설팅 회사까지 동원했다고 생각하겠지만, 우리가 일명 '도시 스포츠'를 일상적으로 즐기기 시작한 건 얼마 되지 않은 일이다. ReD의 연구를 통해 아디다스는 머지않아 스포츠 브랜드 시장에 크나큰 변화가 오리라는 사실을 알게 된다. 앞으로는 '스포츠'의 정의 자체가 달라질 것임을, 운동선수들의 '전통적인 스포츠 경기'가 아니라 일반인들의 '도시 스포츠'에 주목해야 살아남을 수 있음을 깨달은 것이다.

이에 따라 아디다스는 일부 스포츠 스타가 아니라 더 건강하고 나은 삶을 위해 운동하는 평범한 소비자를 위한 브랜드로 서서히 변화하기로 한다. 그러려면 기존처럼 기능성과 품질의 개선에만 주목할 게 아니라 소비자의 미적 감각과 라이프 스타일을 충족시킬 방법을 알아야 했다. 머지않아 운동화가 패션 아이템이 되리라는 사실을 자각한 것이다.

아디다스는 2004년에 '불가능, 그것은 아무것도 아니다 Impossible is nothing'라는 캠페인으로 큰 반향을 일으켰지만, 2011년에는 '아디다스 올인 Adidas is all in' 캠페인을 새로 선보인다. '불가능, 그것은 아무것도 아니다' 캠페인이 어떤 환경에도 자신의 한계를 넘어서려는 엘리트 운동선수를 타깃으로 한다면, '아디다스 올인' 캠페인은 나이와 성별, 직업을 뛰어넘어 모두가 '열정'으로 하나 되는 새로운 라이프 스타일을 아디다스가 선도하겠다는 의지를 표현하고 있다.

아디다스가 10년 이상을 내다볼 수 있었던 건 아주 작은 변화를 알아채고 그것이 무엇을 의미하는지 궁금해했기 때문이다. 그리고 소비자의 일상을 파고들어 수집한 ReD의 thick data가 big data만으로는 불가능했을, 미래에 관한 통찰을 가져다줬기 때문이다. 아디다스의 사례를 통해 우리는 big data가 알려 주는 현실에 안주하지 않고 thick data가 내다본 미래를 준비하는 기업만이 살아남을 수 있음을 다시 한 번 확인할 수 있다.

공감과 관찰을
가장 강력한 무기로 삼은 아이디오

|

내가 꽤 흥미롭게 지켜보고 있는 회사 하나가 실리콘밸리의 디자인 컨설팅 기업 아이디오다. 애플의 의뢰로 1980년 최초의 마우스를 만든 회사로 유명하다. 펩시콜라, 도요다, JP모건, 현대카드, 삼성카드 등 유수의 기업과 협업하며 혁명적인 아이디어를 시장에 선보여 왔다. '디자인 컨설팅'이라고는 하지만, 그들의 작

업은 '제품 디자인'에 한정되지 않는다. 가령 현대카드와 협업할 때는 신용카드 디자인뿐 아니라 카드 서비스, 운영 시스템, 더 나아가 장기 전략에 이르기까지 전방위적으로 컨설팅했다. 아이디오의 두 창업자, 데이비드 켈리David Kelly와 톰 켈리가 쓴《아이디오는 어떻게 디자인하는가Creative Confidence : Unleashing the Creative Potential within Us All》라는 책에 따르면 그들은 여전히 장난감에서 ATM에 이르는 제품을 다루고 있지만, 최근에는 건강보험 가입을 편리하게 하는 디지털 도구를 만들거나 페루 농촌에서 더 나은 교육 시스템을 디자인하는 일도 하고 있다.

이 책에서 두 창업자는 아이디오의 혁신 프로세스의 핵심은 '인간 중심'이라면서 다른 사람에게 깊이 감정 이입하면 단순한 관찰도 강력한 근원이 될 수 있다고 말한다. 사람들의 행동에 어떤 이유가 있는지 이해하는 것이 그들의 1차 목표이고, 더 나아가 미래에 어떻게 행동할지 이해하는 것이 이후 목표라고 밝히기도 한다. 이쯤에서 다들 예상했겠지만, 아이디오는 인류학을 비롯해 인지심리학, 언어학 등의 분야에서 석사와 박사 과정을 마친 연구자들을 고용하고 있다.

아이디오가 디자인한 실제 사례를 보면 이 회사가 어떤 방식으로 일하고 무엇을 추구하는지 이해하는 데 도움이 될 것이다. 아이디오는 P&G 오랄비 어린이용 칫솔을 개발할 때 가장 먼저 아이들이 칫솔질하는 모습을 관찰하기로 한다. 오랄비 임원들은 이 결정을 쉽게 이해하지 못한다. 수십 년 동안 칫솔만 연구하고 개발한 그들에게는 사람들이 칫솔질하는 모습을 새삼 관찰할 필요가 전혀 없었기 때문이다. 그러나 아이디오는 미국 내 많은 가정을 방문해 다양한 연령대의 아이들이 어떤 방식으로 칫솔질을 하며 그 과정에서 어떤 어려움을 겪는지 직접 관찰하고 기록한다. 그 결과 아이들은 어른처럼 손가락으로 칫솔을 쥐는 게 아니라 손바닥 전체로 쥔다는 사실을 발견한다. 아이디오는 이런 관찰을 바탕으로 칫솔 손잡이가 어른 것보다 굵고, 손에서 미끄러지지 않도록 고무를 부착한 칫솔을 만든다.

스위스 주방용품 브랜드 질리스ZYLISS와 협업해 아이스크림용 스쿱을 디자인할 때도 아이디오의 디자인팀은 책상에 앉아서 인체 공학적인 손잡이를 그려 내는 대신 소비자들이 일상에서 아이스크림 스쿱을 어떻게 쓰는지부터 알아보기로 한다. 관찰 결과 이전에는 간과했던 중요한 사실이 드러난다. 많은 사람이 스쿱을 사용하고 설거지통에 넣기 전에 자신도 모르게 스쿱에 남은 아이스크림을 핥았는데, 이는 당사자조차 의식하지 못할 만큼 사소한 버릇이거나 창피해서 부인하는 행동이라 설문조사나 인터뷰로는 절대로 알아낼 수 없는 사실이었다. 이를 통해 훌륭한 아이스크림 스쿱이란 아이스크림을 푸기에도 핥기에도 편해야 한다는 사실을 깨달은 디자인팀은 손과 입에 친화적인 제품을 개발한다.

이 사례에서 보듯 아이디오의 디자인은 심미적인 만족을 줄 뿐 아니라 제품의 성능과 편의성을 개선하고, 더 나아가 사용자의 삶과 일상을 변화시키는 데 목적이 있다. 아이디오의 이러한 디자인 신념은 2008년 국제환경발명품대회 대상을 받은 자전거 정수기 아쿠아덕트auaduct에서도 잘 드러난다. 아프리카 아이들은 멀리 있는 우물에서 물을 길어 오는 힘든 일을 매일 하는데, 그나마도 수질이 좋지 않아 물을 마시고 탈이 나는 경우가 많다. 아쿠아덕트는 자전거 본체에 빗물을 담은 물탱크를 달고 페달을 밟아 물을 정수하게 만든 제품이다. 이 역시 지역 주민들의 삶을 가까이서 면밀하게 관찰하고 그들의 삶의 질을 개선할 지속 가능한 제품을 고민한 결과다.

《아이디오는 어떻게 디자인하는가》에는 GE헬스케어에 근무하는 MRI 시스템 개발자의 사례도 실려 있다. 그는 자신이 개발한 MRI 모델이 설치된 병원에 갔다가 우연히 한 어린이 환자가 그 기계에 들어가기가 두려워 울음을 터뜨리는 모습을 보게 된다. 의사는 아이를 진정시키지 못해 마취제를 주사하기로 한다. 너무나 많은 아이가 MRI 기계를 두려워해 마취 상태로 검사를 받는다는 이야기를 들은 개발자는 큰 충격을 받는다. 자신이 그토록 자랑스러워하던 그 기계의 디자인이 정작 어린 환자들에게는 두려움의 대상이라는 사실을 처음 알았기 때문이다. 이 문제를 해결하고자 그는 디스쿨d.school 임원 교육 연수를 받기로 한다. 디스쿨은 아이디오에서 스탠퍼드대학교 대학원생들을 위해 설립한 디자인 학교다. 여기에서 인간 중심적 접근법으로 디자인과 혁신에 다가서는 것을 배운 그는 일일 보육센터를 방문해 아이들을 관찰하고 그들에게 감정 이입하는 데서 출발하기로 한다. 어린이 환자들의 심리를 이해하기 위해 여러 전문가를 만나 대화도 나눈다.

이런 과정 끝에 그는 MRI 공간을 어린이를 위한 모험 공간으로 개조하기로 한다. 가령 어떤 기계는 입구에 나무로 만든 커다란 키를 붙여 마치 해적선처럼 보이도록 만들었다. MRI 촬영기사는 아이들에게 해적선 내부로 모험을 떠난다고 알려 주고 배에 올라타 있는 동안은 움직이지 말고 조용히 있어야 한다고 당부한다. MRI 촬영이, 아니 해적선 모험이 끝나면 어린이 환자들은 검사실 벽에 걸린 해적 모형에서 작은 보물을 하나 꺼내 기념 삼아 가져갈 수 있다. 이 어린이용 MRI 덕분에 소아 환자의 마취제 투여가 급격히 줄어들었다. MRI 검사를 마친 뒤 엄마에게 내일 또 오자고 조르는 아이가 있을 정도로 환자들의 만족 지수도 향상했다.

이렇듯 thick data는 big data의 숫자로만 존재하던 소비자가 민낯을 드러내고 실제 목소리를 낼 수 있게 도와준다. thick data의 이러한 가치를 알아보는 기업만이 소비자에 관한 통찰을 얻어 혁신에 다가갈 수 있을 것이다.

03

Thick data를 얻기 위한
THICK 프레임워크

글로벌 디자인 컨설팅 회사 프로그 디자인Frog Design의 최고 크리에이티브 디렉터로, 애플·아디다스 등과 협업해 온 얀 칩체이스Jan Chipchase는 평소 관찰을 통해 소비자의 욕망을 발견하고 영감을 얻는 것으로 유명하다. '디자인계의 인디애나 존스'로 불리는 그는 저서 《관찰의 힘Hidden in plain sight》에서 전형적인 리서치와 자신의 방식이 어떻게 다른가 설명한다. 전형적인 리서치란 새로운 지역으로 날아가 유명 호텔에 체크인하고 인력 채용업체에서 찾아 놓은 인터뷰 대상자와 '맥락적 인터뷰'를 한 다음 호텔로 돌아가는 방식을 말한다. 반면 얀 칩체이스와 동료들은 해당 지역 주민들의 일상을 가까이서 관찰하기 위해 상권이 형성된 주택가의 집을 통째로 빌리거나 가족이 이미 사는 집의 방 하나를 얻는다. 또 그 지역 인력 채용업체를 통해 조수를 고용하는 대신 해당 지역 대학교에서 영리하고 사교적인 학생을 뽑는다. 이렇게 고용된 학생들은 현지인만 아는 숨은 장소로 연구진을 인도하고, 자신의 친지와 친구 들을 연구진에 소개한다. 이렇게 함으로써 그들은 연구진이 지역 문화의 맥락을 잘 이해하도록 돕고, 편견 없는 시선으로 프로젝트에 참신한 아이디어를 제공한다.

얀 칩체이스와 동료들이 현지 문화를 이해하기 위해 즐겨 쓰는 방법이 또 있다. 현지인들과 인터뷰하는 것이 아니라 잡담을 나누는 것이다. 이를 위해 그들은 상인들이 가게 문을 열고 주민들이 아침 운동을 나가는 시간대에 동네를 한 바퀴 돌고 생필품을 사러 가게에 간다. 줄은 길면 길수록 좋다. 주민들과 더 많은 대화를 나눌 수 있기 때문이다. 같은 이유로 그들은 이발소에도 자주 가고 통근 버스에 몸을 실어 보기도 한다.

그는 책에서 이러한 과정을 '현지인 되어 보기'로 명명하면서, 이는 인류학자들의 전유물이 아니라고 말한다. 인류학자들처럼 새로운 문화에 장시간 적응하는 게 아니라 짧은 기간이나마 현지인의 일상을 함께 경험하고 일상의 맥락을 이해하면 기대 이상의 통찰과 영감을 얻을 수 있다는 것이다. 이 과정에서 책의 원제 'Hidden in plain sight'가 뜻하는 대로 뻔히 드러나 있었지만 아무도 보지 못한 그 무언가를 발견하게 된다. 책에 'thick data'라는 단어가 언급되진 않지만, 그가 수집한 정보는 트리시아 왕의 thick data 개념과 정확하게 일치한다.

가정이나 매장을 방문해 소비자를 관찰하고 인터뷰한다고 절로 thick data가 얻어지는 것은 아니다. 얀 칩체이스와 동료들의 작업에서도 알 수 있듯 thick data를 얻기 위해서는 고도로 숙련된 기술이 필요하다.

그렇다고 특정 학위나 자격증이 요구되는 일은 아니다. 중요한 건 인류학 학위가 아니라 인류학적 시각이다. 즉 문화 상대주의의 관점으로 선입견 없이, 외부인인 동시에 내부인의 시선으로 총체적인 접근을 하려는 노력이 필요하다.

이 장에서는 인류학적 시각을 기반으로 소비자로부터 thick data를 얻기 위한 다섯 가지 방법을 소개하려 한다.

Tolerance	문화 상대주의에 입각해 낯섦에 관대해지기
Hidden Desire	관찰을 통해 소비자의 숨은 욕구 찾기
Informants	극단적인 소비자 및 나만의 자문단을 적극 활용하기
Context	소비자의 말이 아닌, 총체적인 맥락에 집중하기
Kindred Spirit	참여를 통해 소비자에게 공감하기

이 다섯 가지를 각 방법론의 각 앞 글자를 따 'THICK 프레임워크'라고 부르기로 한다. 이제부터 THICK 프레임워크가 무엇을

뜻하는지, 어떻게 활용하면 좋을지 구체적으로 알아보자.

Tolerance :
문화 상대주의에 입각해 낯섦에 관대해져라

|

프랑스어 '톨레랑스tolerance'는 우리말로 흔히 '관용'으로 번역되지만, 실은 나와는 다른 종교, 믿음, 사상, 행동방식 등을 용인한다는 뜻을 지닌 말이다. 16세기 프랑스 종교개혁 시기에 구교와 신교 간에 무자비한 살육이 빚어졌을 때 다른 이의 생각과 신념을 나의 것처럼 존중하고 소중히 여기자는 의미로 등장한 단어다.

톨레랑스 정신은 문화 상대주의에 기반한다. 각각의 문화에는 우열이 없고, 모든 문화는 그 구성원의 가치관과 사회적 맥락에 따라 이해돼야 한다는 문화 상대주의의 관점이 있어야만 나와 다른 신념과 사상을 너그러이 포용하고 감싸 안는 톨레랑스 또한 가능해진다.

톨레랑스와 문화 상대주의는 thick data를 수집하기 위한 참여관찰의 기본 자세라 할 수 있다. 어떠한 선입견도 없이, 초심자의 마음으로 소비자를 관찰하기 위해서는 낯섦을 너그럽게 수용하고 받아들이는 톨레랑스의 정신이 필요하다. 인간에게는 본능적으로 나와 다른 무언가를 기피하려는 경향이 있지만, 이것에서 벗어나 낯섦에 대한 톨레랑스를 지녀야만 나와 다른 집단, 또는 내가 이미 잘 알고 있다고 착각하는 집단을 더 깊이 이해할수 있다.

아이디오의 공동 대표 톰 켈리는 《혁신의 조건The Ten Faces of Innovation》이라는 책에서 '인류학자들은 뷔자데vuja dé의 감각으로 통찰을 얻는다Anthropologists seek out epiphanies through a sense of vuja dé'라고 썼다. 데자뷔déjà vu가 경험한 적 없는 상황이나 장면을 이미 경험한 듯 친숙하게 느끼는 감각이라면, 뷔자데는 친숙한 것도 처음 보는 듯 생경하게 느끼는 현상을 가리킨다. 다시 말해 인류학자는 일상적이고 친숙한 현상이나 사물을 새삼 초심자의 마음으로 선입견 없이, 톨레랑스의 자세로 들여다봄으로써 통찰을 얻는다는 것이다.

흔하고 친숙한 것일수록 잘 안다는 착각을 일으키기 쉽다. 그러나 그 물건이나 현상을 세심히 관찰하면 우리 예상이 틀렸다는 걸 알게 된다. 무언가에 대한 통찰을 얻고자 한다면 선입견 없는 눈으로, 아무런 가정이나 예측 없이 실제를 볼 준비가 돼야 한다.

관찰 과정에서 관찰자의 편견이나 선입견을 제거하는 좋은 방법이 바로 개방형 질문이다. 정해진 보기 가운데 하나를 고르게 하는 방식의 질문으로는 질문 작성자의 선입견과 한계를 뛰어넘는 답변을 기대하기 어렵다.

개방형 질문이 곧 주관식 질문을 의미하는 것은 아니다. 가령 소비자에게 어떤 장난감을 원하느냐고 묻는 것은 주관식 질문이지 개방형 질문이 아니다. 소비자 대부분은 자신이 어떤 장난감을 원하는지 깊게 고민하지 않으므로 좋은 답변이 나오기 어렵다. 장난감에 관한 연구라면 장난감이나 놀이와 직접적으로 관련된 질문보다 아이들의 일상과 여가, 관심사와 취미 등을 묻는 질문이 적당하다. 자동차에 관한 연구라면 특정 자동차를 어떻게 생각하는지 묻기보다 운전이 소비자에게 어떤 의미인지, 운전하다 곤란했던 때가 있었는지, 자동차 여행의 추억이 있는지 등을 물을 수 있을 것이다.

대화를 나누다 보면 미리 준비한 질문이 소용없어지는 순간이 오기 마련이다. thick data를 얻기 위한 질적인 질문은 현장에서 맞닥뜨리는 상황에 따라 즉흥적으로 새로 만들어져야 한다. 질문을 미리 준비해야 하지만, 이에 지나치게 얽매이면 소비자의 답변에 유연하게 대응하기 어렵다. 소비자의 답변을 들으면서 머릿속으로 그 중요도를 가늠하고, 더 깊이 물을 것과 그냥 지나칠 것을 결정해 가면서 융통성 있게 인터뷰를 진행할 수 있어야 한다. 이런 식으로 질문자가 노련함을 발휘하면 누구도 예상하지 못했던 사실에 접근할 기회가 포착될 것이다. 주제와 전혀 관련 없는 잡담이라도 조급해 할 필요는 없다. 아무 소득이 없어 보일지라도 적어도 소비자와 라포르를 형성하는 데는 도움이 된다.

Hidden Desire :
관찰을 통해 소비자의 숨은 욕구를 찾아라

뉴욕 양키스의 전설적인 포수, 요기 베라Yogi Berra는 요기즘Yogiism 이라는 신조어를 낳을 만큼 숱한 명언을 남겼다. 그중 하나가 "그저 지켜보는 것만으로 많은 것을 관찰할 수 있다You can observe a lot just by watching"라는 말이다. 누군가를 알려면 대화와 질문도 필요하지만, 오히려 관찰이 상대방에 대한 더 많은 정보를 줄 때도 있다.

2007년 미국미생물학회와 비누세제협회의 전체 회의에 보고된 바에 따르면, 미국의 성인 남녀에게 전화로 공중화장실 이용 후 손을 씻느냐고 물었을 때는 92%가 그렇다고 대답했지만, 실제로 미국 네 개 도시에서 공중화장실을 이용하는 6,000명을 직접 관찰한 결과 여성의 88%, 남성의 66%만 손을 씻었다.

노스텍사스대학교의 인류학과 학생들이 운전자를 대상으로 연구한 결과도 이와 비슷하다. 인터뷰에서 운전자 대부분은 자신이 평균 이상으로 자동차를 능숙하고 안전하게 다룬다고 자평했다. 그러나 실제로 이들이 운전하는 모습을 관찰했더니 휴대전화

조작이나 통화, 음식물 섭취, 대시보드 청소 등 운전 중에 해서는 안 되는 위험한 행동을 스스럼없이 하고 있음이 밝혀졌다.

이 두 사례는 누군가에게 질문하고 그 대답을 듣는 것보다 오히려 가만히 관찰함으로써 더 많은 정보를 얻고 진실에 더 가까워질 수 있다는 사실을 보여 준다.

인류학자들이 P&G의 신제품 개발을 위해 미국의 평범한 가정을 방문했을 때, 소비자들은 제품에 아무런 불만이 없다고 말했다. 그러나 이는 반쪽짜리 진실이었다. 소비자들이 청소하는 모습을 끈질기게 관찰한 인류학자들은 청소 자체보다 더러워진 물걸레 빨기가 더 힘들다는 사실을 알게 된다. 이런 어려움을 해소하기 위해 만들어진 제품이 바로 스위퍼Swiffer다. 더러워진 걸레를 세탁하는 대신 버리고 새것으로 교체하도록 만들어졌다. 이처럼 관찰은 질문과 달리 소비자의 말과 실제 행동과의 불일치를 드러냄으로써 소비자가 의식하지도 못했던 잠재적 욕구를 발견하게 한다. 스위퍼 제품 라인은 1999년 출시된 이래 현재까지 P&G의 가장 성공한 제품으로 꼽히며 매년 5억 달러의 매출을 올리고 있다.

미국의 식품 기업 제너럴밀스General Mills는 주력 상품이었던 요플레가 부진을 면치 못하자 신제품 개발에 인류학자들을 참여시켰다. 인류학자들은 어떤 신제품을 원하는지 소비자에게 묻는 대신 평범한 가정에서 아침 식사가 어떻게 이루어지는지를 관찰했다. 평일 오전 6시 30분, 한 가정의 아침 풍경은 대략 이랬다. 엄마가 어린 두 아들에게 먹일 건강한 아침 식사를 준비하는 동안 아들 하나는 TV 만화를 보느라 정신이 없었고, 다른 아들은 엄마 몰래 설탕이 들어간 시리얼을 먹고 있었다. 그 시리얼을 사둔 장본인은 아빠였다. 이유는 단순했다. 자기가 어릴 때 먹던 것과 비슷했기 때문이다.

엄마들은 사전 면담에서 아이들에게 영양가 풍부한 음식만을 먹인다고 대답했다. 그러나 관찰 결과는 엄마들의 말과 달랐다. 아이들은 설탕 범벅 시리얼을 먹거나 아예 굶은 채로 등교했다. 현실은 이상과 늘 차이가 있는 법이다. 만일 제너럴밀스가 면담이나 설문조사에만 의존했다면 아침 식단의 가장 중요한 기준은 영양성분이라고 판단했을 것이다. 그러나 인류학자들은 참여관찰을 통해 아침 식사는 엄마의 죄책감을 덜어줄 만큼 영양이 풍부해야 할 뿐 아니라, 아빠가 준비하기에도 번거롭지 않아야 하고, 아이들이 흘리지 않고 먹을 수 있어야 한다. 심지어 학교에 가져가거나 이동하면서도 먹을 수 있게 포장 용기가 간편해야 하며, 무엇보다 맛이 있어야 한다는 사실을 밝혀낸다. 이를 바탕으로 제너럴밀스에서 출시한 신제품이 바로 짜 먹는 타입의 요거트인 고거트Go-Gurt다. 이 상품이 크게 히트하면서 제너럴밀스는 경쟁사를 제치고 시장의 선두 주자가 된다.

thick data는 big data와 달리 '왜'를 설명하는 근거가 되지만,

실제 참여관찰 현장에서 소비자에게 "왜?"라고 질문할 때는 매우 신중해야 한다. 이런 질문은 자칫 자기방어 심리를 자극해 변명이나 거짓말을 유도할 수 있기 때문이다. 스위퍼와 고거트의 사례는 오히려 묻지 않고 관찰하는 편이 오히려 '왜?'라는 질문에 대한 올바른 답을 얻는 방법이 될 수도 있음을 잘 보여 준다.

Informants :
극단적인 소비자 및 나만의 자문단을 적극 활용하라

명품 브랜드들의 패션쇼 사진을 볼 때마다 '저런 옷들은 누가 입을까?' 궁금해진다. 매일 출퇴근하며 사는 평범한 사람들은 도저히 못 입을 옷들이 무대를 가득 채우고 있다. 그런데 패션쇼는 디자이너들의 상상력과 창의력을 뽐내거나 브랜드 이미지를 강화하기 위한 자리만은 아니다. 무대에 올려진 옷들은 이후 과장된 요소를 조금 약화하는 등 상업적으로 변주되어 대중에게 판매된다. 패션쇼를 보고 그해의 패션 트렌드를 가늠할 수 있는 이유다.

비단 패션 업계뿐 아니라 다른 분야에서도 일부 극단적인 사례가 유행을 선도하는 경향이 있음을 간과해선 안 된다. 때로는 전형적인 소비자 집단이 아닌, 제품을 이상한 방법으로 사용한다거나 극단적으로 적게 또는 많이 쓰는 소비자에 주목함으로써 유의미한 통찰을 얻을 수 있다. 이들의 과장된 욕구나 사용 패턴이 이제 막 태동하기 시작한 새로운 욕구를 의미할 수도 있기 때문이다.

가령 필립모리스 플래티넘 프리미엄 회원 중에서 기기를 가장 많이 소유하고 있는 극소수 회원만 모아 이야기를 들어보면 어떨까. 이러한 극단적인 소비자들은 전자담배 기기를 한두 대 정도만 가지고 있는 일반적인 유저들과 달리 아이코스에 대한 색다른 통찰을 지니고 있을 가능성이 크다. 이들이 소수라는 이유로 그 의견을 반영할 시도조차 하지 않으면 미래를 예측할 귀한 데이터를 손가락 사이로 빠져나가게 내버려 두는 셈이다. 패션쇼의 극단적인 의상도 약간의 변주를 거치면 대중의 사랑을 받을 수 있듯 극단적인 사용자의 사례도 잘만 활용하면 얼마든지 대중성을 확보할 수 있다.

뒤에서 더 자세히 설명하겠지만, 블리자드는 다른 기업에선 찾아볼 수 없는 커뮤니티팀이라는 부서를 독립적으로 운영하고 있다. 블리자드의 코어 팬들이 블리자드 게임의 2차 창작물을 자유로이 생산할 수 있도록 그들에게 필요한 각종 이벤트와 세심한 서비스를 제공하는 일을 하는 부서다. 이 역시 극단적 사용자들이 브랜드 팬덤과 충성도를 높이는 일등 공신임을 간파한 사례라 할 수 있다.

극단적인 소비자와 더불어 주목해야 할 집단이 바로 나만의 자문단이다. 필립모리스 재직 당시 가장 많이 들은 질문 하나는 비흡연자가 담배 회사 대표를 하려면 힘들지 않냐는 것이었다. 그럴 때마다 나는 필립모리스 및 경쟁사의 제품을 이용해 본 지인들로 이뤄진 자문단을 잘 활용하기만 해도 해당 제품을 직접 사용하는 만큼의, 어쩌면 그 이상의 통찰력을 얻을 수 있다고 대답하곤 했다.

어떤 제품을 더 잘 이해하기 위해 내가 반드시 사용자가 돼야 하는 것은 아니다. 간접 경험으로도 훌륭한 통찰을 얻을 수 있음을 증명한 인물이 바로 《국화와 칼The Chrysanthemum and the Sword》을 쓴 인류학자 루스 베네딕트Ruth Benedict다. 《국화와 칼》은 미국무부의 의뢰로 제2차 세계대전 당시의 일본인을 분석해 집필한 책이다.

첫 문장 "일본인은 미국이 지금까지 전력을 기울여 싸운 적 가운데 가장 낯선 적이었다"에서 잘 드러나듯, 일본군은 미군의 막강한 군사력으로도 굴복시키기 어려운 까다로운 적이었다. 일본군은 부대원 대부분이 죽거나 다쳐도 항복하는 법 없이 최후의 1인까지 저항했고, 명백한 자살 행위를 '옥쇄玉碎'니 '가미카제神風'니 하는 말로 미화하고 독려했다. 그런데 의아하게도 막상 포로가 되면 한없이 온순해져 다루기 편해졌다. 루스 베네딕트는 일본인의 이러한 이중성과 모순을 설명하기 위해 봉건사회에서 시작한 위계 서열, 보은과 의리로 이루어진 독특한 도덕 체계, 서양의 선악 개념을 대체하는 수치심 등 다양한 면모를 살핀다. 그 결과 루스 베네딕트는 일본군의 모순적인 행동은 수치심을 느낄 만한 상황이냐 아니냐에 따른 결과이며, 종전 후에도 그 이중성이 여전히 드러날 것으로 예상한다. 즉 군국주의가 성공한 사례가 보이면 더욱 군국주의에 매진하고, 평화주의가 뿌리를 내리면 자신들도 모범국이 되려 애쓸 것이라 내다봤다. 제목 '국화와 칼'은 국화를 사랑하는 섬세한 미감과 칼을 숭상하는 냉혹함 모두가 일본인의 진실이라는 의미를 담고 있다.

놀라운 점은 루스 베네딕트가 이 책을 쓰면서 일본을 단 한 번도 방문하지 않았다는 사실이다. 인류학자라면 1년 이상은 무조건 현지조사를 가야 하지만, 당시는 한창 전쟁 중이라 일본에 갈 도리가 없었다. 어쩔 수 없이 루스 베네딕트는 일본의 소설과 영화를 분석하고, 강제 수용소에 있던 일본인과 전쟁 포로 들을 인터뷰하는 걸로 현지조사를 대신해야 했다. 그런데도 이 책은 일본인의 독특한 가치관을 가장 객관적으로 이해했다는 평가를 받았고, 루스 베네딕트에게 세계적인 명성을 안겨 줬다.

현지조사 없이도 루스 베네딕트가 일본에 관한 가장 객관적인 연구를 할 수 있었던 것처럼, 때로는 사용자가 아니어도 제품에 대한 유용한 통찰을 얻을 수 있다. 상품이나 서비스를 직접 이용해 보는 편이 가장 좋겠지만, 그러기 어려운 상황이라면 그 제품에 대해 깊이 고민하고 thick data를 모으는 것으로 직접 경험을 대신할 수 있다. 실제로 필립모리스 임직원 중에는 나 외에도 비흡연자가 무척 많다.

한번은 한 지인이 담배 맛이 기막히게 좋은 때가 언제인지 들려준 적이 있다. 그분 말로는 비가 부슬부슬 내릴 때면 습기로 인해 담배 연기가 퍼지지 않고 모여서 유난히 잘 보이는데, 이 광경이 신기하게도 마음에 위안을 준다고 한다. 담배 연기와 함께 시름과 근심도 시원하게 내뱉는 기분이 들어서란다. 부슬부슬 비 내리는 날의 흡연이 어떠한지 이야기하던 그분의 표정을 직접 보지 못했다면 비흡연자인 나는 아마도 담배의 연무량이 흡연 만족도에 미치는 영향을 크게 실감하지 못했을 것이다.

이처럼 30명이 넘는 내 지인들이 필립모리스 및 경쟁사의 제품을 이용해 본 후에 다양하고 세심한 각도에서 제품의 맛과 향, 타격감, 연무량, 전자담배 기기의 촉감과 무게감, 운전하면서 사용할 때의 애로 사항 등 종합적으로 평가해 들려줬다. 이런 든든한 자문단 덕에 때로는 내 생각에 확신을 하거나 오류를 깨닫기도 하고, 때로는 생각지도 못한 아이디어를 떠올리기도 했다. 이분들이 들려주는 모든 이야기가 내게는 귀하고 신뢰할 만한 thick data였던 것이다.

현대인 대부분이 휴대전화 없인 단 몇 분도 못 견디지만, 모든 현대인이 휴대전화에 대한 통찰력 있는 아이디어를 떠올릴 수 있는 건 아니다. 먹기 좋아하는 사람이 무조건 요리를 잘하는 것도 아니다. 중요한 건 그 제품을 실제로 경험한 사용자냐 아니냐가 아니라, 사용자 중심적인 시각으로 thick data를 모으고 활용할 의지와 인내심이 있느냐, 없느냐다. 루스 베네딕트가 이룬 성과는 서구 중심주의에서 벗어나 인류학자의 본분에 충실하게 일본을 내부자이자 외부자의 균형 있는 시선으로 바라봤기에 가능했다. 이러한 인류학적 시각을 견지하고 나만의 자문단을 잘 활용한다면 간접경험으로도 충분히 의미 있는 통찰을 얻을 수 있다.

Context :
소비자의 말이 아닌, 총체적인 맥락에 집중하라

|

무표정한 남성의 얼굴을 찍은 사진이 있다. 장례식 사진을 보여준 뒤에 이 남성의 사진을 보여 주면 사람들은 남성이 슬퍼하고 있다고 여긴다. 그러나 책이 빽빽하게 꽂혀 있는 서가 사진 뒤에 이 남성의 사진을 보여 주면 남성의 표정에서 따분함을 읽는다. 우리가 같은 사람의 같은 표정에서 서로 다른 감정을 유추하는 이유는 무엇일까. 맥락이 달라졌기 때문이다.

조만간 사람의 표정으로 감정을 읽어 내는 인공지능이 상용화될 거라고 한다. 그러나 심리학자들은 이런 예측에 회의적이다. 감정을 유추하려면 그 표정이 만들어진 맥락을 이해해야 하는데, 인공지능은 그러지 못한다는 것이다.

인공지능과 인간이 맥락을 얼마나 다르게 파악하는가에 관해 흥미로운 통찰을 들려주는 책이 있다. 언어인지학자 모텐 H. 크리스티안센Morten H. Christiansen과 인지심리학자 닉 채터Nick Chater가 공저한 《진화하는 언어The Language Game》다. 저자들은 책에서 단어 여섯 개로 사람을 울릴 수 있으면 돈을 주겠다는 사람들에게 헤밍웨이가 즉석에서 'For sale. Baby shoes. Never worn.(아기 신발 팝니다. 신은 적 없음.)'이라는 글을 지어서 보여 줬다는 유명한 에피소드를 언급한다. 인간은 이 여섯 단어의 조합에서 아기 잃은 부모의 슬픔, 죽은 아기의 신발마저 팔아야 하는 가난하고 고단한 삶을 읽는다. 그러나 인공지능은 이 문장을 그저 상품 판매 문구로 해석한다. 저자들은 대화에서 드러나는 단어와 문장은 빙산의 일각에 지나지 않는다고 말한다. 수면 아래에는 인간의 공감 능력, 감정 이입, 문화 규범과 관습 등 수많은 요소가 잠겨 있다. 우리가 문법 오류와 생략이 난무하는 일상 언어를 큰 어려움 없이 이해하는 것도 눈에 보이지 않는 이러한 맥락을 공유하기 때문이다.

참여관찰이나 심층 인터뷰를 할 때도 소비자가 겉으로 드러내는 말과 행동이 아닌, 수면에 잠긴 맥락을 세밀하게 살펴야 한다. 가령 소비자는 우리 제품을 쓰는 데 아무런 어려움이 없다고 답했지만, 실제 사용하는 모습을 관찰했더니 포장을 뜯느라 안간힘을 쓴다면 과연 소비자의 말을 믿어야 할까. 소비자는 우리 제품을 가장 좋아한다고 대답했지만, 선반을 열어 보니 우리 제품 포장지 위에 먼지가 잔뜩 쌓여 있다면 이 경우에도 소비자의 말을 믿을 수 있을까.

P&G의 브랜드 관리자였던 찰스 L. 데커Charles L. Decker의 저서 《P&G의 이기는 마케팅 99Winning With The P&G》에는 소비자의 말이 아닌, 맥락을 이해하는 일이 얼마나 중요한지 알려주는 좋은 사례가 실려 있다. 책에 따르면 각 가정을 방문해 소비자가 세제를 사용하는 모습을 직접 관찰한 P&G는 액체 세제를 부을 때마다 세제 일부가 용기 밖으로 흘러나오는 문제를 발견한다. 그러나 소비자들은 사전 인터뷰에서 해당 세제에 아무런 불만이 없다고 대답했다. 세제가 흘러나오면 빨랫감으로 대충 닦아 주면 그만이라고 생각했기 때문이다. P&G는 소비자의 말보다 참여 관찰을 통해 얻은 총체적 맥락에 훨씬 더 주목하고 문제를 해결하고자 했다. 그 결과 여분의 액체 세제가 용기 내부로 다시 흘러 들어가는 새로운 용기를 개발해 수백만 달러에 이르는 매출 증대를 이루어 낸다.

P&G의 이 사례는 소비자가 말하지 않은 또는 말하지 못한

숨은 동기와 감정까지 알아내려면, 소비자의 말과 행동을 그대로 받아들이기보다 그런 말과 행동이 나온 맥락을 파악하고, 표정이나 어조, 몸짓 등 비언어적 단서를 발견하려고 노력해야 한다는 사실을 다시 한 번 일깨워 준다.

Kindred Spirit :
참여를 통해 소비자에게 공감하라

|

클리퍼드 기어츠는 '심층 놀이 : 발리의 닭싸움에 관한 기록들'에서 자신이 어떻게 발리 주민들의 마음을 열 수 있었는지 묘사한다. 1958년 발리에 도착한 기어츠 부부는 지방 정부의 주선으로 한 대가족 구역으로 이사해 들어간다. 처음에 발리 주민들은 기어츠 부부를 철저히 무시한다. 못마땅한 얼굴을 하거나 언짢은 말이라도 건네는 게 차라리 낫겠다 싶을 만큼 기어츠 부부를 투명 인간 취급한다. 그러던 어느 날, 기어츠 부부가 주민들 사이에 섞여 닭싸움을 구경하고 있는데 기관총을 든 경찰이 도박 단속을 위해 들이닥친다. 주민들이 비명을 지르며 달아나는 와중에 기어츠 부부는 어떻게 했을까. 인류학의 대전제인 '로마에서는 로마법대로'를 충실히 따랐다. 즉 주민들을 따라 달아났다. 다음 날부터 기어츠 부부를 대하는 발리 주민들의 시선이 완전히

달라진다. 단속 현장에서 신분증을 꺼내 들고 특별 방문자의 지위를 과시하는 대신 주민들을 따라 혼비백산 달아났던 부부의 일화는 발리 주민들의 즐거운 대화거리가 됐고, 그날부터 부부는 마을의 구성원으로 받아들여진다.

이 에피소드는 현지인에게 공감하는 능력이 참여관찰에서 얼마나 중요한지 잘 보여 준다. 소비자의 민낯을 보고자 할 때도 공감과 감정 이입은 필수적이다. 인류학자 그랜트 맥크랙켄이 "인류학은 곧 공감이다"라고 말한 이유도 이 때문일 것이다.

내가 구글에 재직하던 당시, 주요 고객사 하나가 주력 상품의 부품 결함으로 인해 중대한 위기에 봉착한 일이 있었다. 이 소식을 접하자마자 우리 팀은 고객사가 이 위기를 무사히 타개할 수 있도록 해외 기업들의 비슷한 사례를 총망라하여 리스크 매니지먼트 보고서를 작성했다. 사태를 숨기거나 축소하려 하지 말 것, 소비자에게 관련 정보를 솔직하게 공개하고 진심 어린 사과를 하되 이 모든 과정을 최대한 빠르게 진행할 것 등 구체적인 대응 요령을 소개하고, 향후 재발 방지 대책까지 담은 15페이지짜리 보고서였다. 우리 팀이 발 빠르게 나선 덕분인지 고객사는 사태를 잘 수습할 수 있었고, 이러한 위기 대처 능력이 높게 평가받으면서 일각에선 이 사건이 오히려 전화위복이 됐다고 논평하기도 했다. 얼마 후 고객사 담당자가 우리 팀에 감사를 전하면서 당시 우리 경쟁사였던 A사의 부적절한 대응을 들려줬다. 고객사에 깊이 공감하고 위기 대응에 최선을 기울였던 우리와 달리 A사에서는 이 다급한 상황에서도 자사의 디지털 광고 상품을 홍보하느라 여념이 없었다는 것이다. 이후부터 우리 팀은 고객사와의 더 깊은 신뢰관계를 구축하며 A사와의 경쟁에서 우위를 점할 수 있었다.

소비자에게 깊이 공감하는 또 다른 기업으로 블리자드를 꼽을 수 있다. 블리자드의 커뮤니티팀과 CS팀은 유저가 불편함을 느끼는 지점인 '페인 포인트pain point'를 정확하게 이해하고 신속하게 대처하기로 유명한데, 그 비결은 감정 이입과 공감 능력에 있다. 다른 기업이 소비자들에게 공감하려고 각고의 노력을 기울인다면, 블리자드는 특이하게도 그런 노력 자체가 필요 없다고 해도 과언이 아니다. 커뮤니티팀과 CS팀의 직원들이 블리자드의 하드코어 유저들이며 게임 플레이의 장단점을 모두 꿰고 있는 일명 '덕후'들이기 때문이다. 그들이 이미 블리자드 유저의 일원이므로 유저들의 모든 불평불만에 깊이 공감하고 빠르게 대응할 수 있는 것이다.

시청자가 드라마 캐릭터에 깊이 공감하면 굳이 대사로 설명하지 않아도 그 캐릭터의 사소한 행동에 담긴 의미를 이해할 수 있다. 마찬가지로 고객사나 소비자에게 깊이 감정 이입하고 공감하면 그들이 왜 그런 결정을 내리고 왜 그런 행동을 했는지 이해하게 되고, 직접적으로 말하지 않은(또는 말하지 못한) 숨은 욕망까지 들여다볼 수 있게 된다. 바로 이때가 감정이 내재된 스토리가 나오는 순간이며, 통찰로 이어지는 thick data가 모이는 순간이다.

04

Thick data를 넘어 Smart data로

1854년 런던 빈민가 소호에서 콜레라가 발생한다. 이미 1832년과 1849년에 닥친 콜레라 대유행으로 수많은 목숨이 희생됐지만, 콜레라가 나쁜 공기로 전염된다고 믿었던 당시 사람들은 또 한 번의 재앙이 예고된 상황에서도 그저 두려움에 떨 뿐이었다. 이때 콜레라의 원인이 공기가 아닌 물에 있진 않을까 의심한 사람이 있었다. 마취 전문의이자 오늘날 '근대 역학疫學의 아버지'로 불리는 존 스노John Snow다.

그는 1832년 콜레라 1차 대유행 때 수습 의사로서 콜레라에 걸린 광부들을 치료하며 광부들이 처했던 비위생적인 환경을 목격한 경험이 있었다. 뒤이어 1849년 2차 대유행 때는 콜레라 환자들이 같은 우물에서 물을 길어 먹었고, 이들과 가까이는 살았지만 다른 우물을 썼던 사람들은 콜레라에 걸리지 않았다는 중요한 발견을 하게 된다.

　이런 관찰 결과를 바탕으로 존 스노는 콜레라가 수인성水因性 전염병이라는 주장을 담은 논문을 발표하지만, 큰 주목을 받지 못한다. 그러다 1854년에 3차 대유행의 조짐이 나타나자 그는 더 늦기 전에 자신의 가설을 입증하기로 결심한다. 콜레라 사망자들의 주소지를 일일이 찾아가 수백 명의 주민을 인터뷰한 결과, 특정 우물을 중심으로 콜레라가 발생했다는 사실이 다시 한 번 확인된다. 확신을 얻은 그는 소호 브로드 거리의 지도에 콜레라의 사망자·발병자의 집을 표시한 '콜레라 지도'를 만든다. 이를 통해 콜레라 발병과 우물과의 연관성이 한눈에 드러나자 해당 교구 이사회에서는 우물 폐쇄를 결정한다. 독일의 세균학자 로베르트 코흐Robert Koch가 콜레라균을 발견하기 30년 전의 일이다.

　콜레라 지도를 그리는 일은 오늘날로 치면 일종의 big data 작업이나 마찬가지였다. 주목할 만한 점은 그가 이미 5년 전인 2차 대유행 때 콜레라에 대한 thick data를 수집했다는 사실이다. 임상 관찰을 통해 콜레라가 식수와 밀접한 관련이 있다는 사실을 이미 알고 있었고, 이를 입증하기 위해 big data를 활용한 것이다.

　오랫동안 big data와 thick data는 서로 연관이 없는 별개의 영역으로 존재해 왔다. 이 데이터들을 생성하고 활용하는 주체도 완전히 달랐다. 그러나 병원균의 존재조차 밝혀지지 않았던 시절, 존 스노는 thick data로 콜레라의 원인을 설명하는 가설을 세우고, 여기에 big data를 결합해 '우물 폐쇄'라는 의사 결정을 끌어내는 데 성공한다. 그야말로 데이터 활용의 가장 이상적인 사례라 할 만하다.

이처럼 thick data와 big data를 제대로 결합해 활용하면 올바른 의사 결정을 이끄는 양질의 데이터가 얻어진다. 이를 이제부터 'smart data'로 부르기로 한다.

thick data로 통찰하고 big data로 증명하고 smart data로 실행하라

우리가 가장 흔히 활용하는 설문조사가 어떻게 이뤄지는지 한번 돌아보자. 아무리 객관성을 유지하려 애써도 설문지 문항에 이미 연구자의 가설이 반영됐을 가능성이 크다. 그 가설에 통찰력과 깊이가 있다면 다행이지만, 그렇지 않다면 설문조사 결과인 출력 데이터에도 오류가 있을 수밖에 없다. 때로는 연구자의 가설을 증명하기 위해 설문조사 자체를 그것에 맞게 재구성하는 일도 있다. 이런 식이라면 대다수 소비자가 우리 제품을 구매하길 원한다는 결론이 나와도 시장에서 실제로 통할 리 만무하다.

그렇다면 어떤 방식의 조사가 가장 이상적일까. 사용자에 관한 구체성과 보편성, 모두를 담보함으로써 드러나지 않은 진실을 밝히고 가장 합리적인 의사 결정에 이르려면 어떻게 해야 할까.

첫 번째, 정성적인 리서치로 수집한 thick data로 깊은 통찰을 하고 이를 토대로 가설을 세울 수 있어야 한다. 사실 존 스노가 콜레라 지도를 만들기 전에 비슷한 시도를 한 사람이 있었다. 하수도 공사로 파헤쳐진 옛 페스트 묘지에서 나쁜 공기가 새어 나와 콜레라가 창궐한다는 소문이 돌자 하수위원회는 진상 조사를 위해 건설 기술자 에드먼드 쿠퍼Edmund Cooper를 현장에 보낸다. 조사를 마친 그는 새로 공사한 하수관로, 흑사병 묘지, 콜레라 사망자의 주소지를 표시한 지도를 만든다. 이로써 하수도 공사나 페스트는 콜레라와 아무런 관련이 없음이 밝혀진다.

쿠퍼는 존 스노보다 먼저, 더 정교한 콜레라 지도를 제작했지만, 오늘날 그의 이름을 기억하는 이는 거의 없다. 콜레라의 원인을 규명한 건 쿠퍼의 지도가 아니라 존 스노의 지도이기 때문이다. 같은 방식의 조사라도 어떤 통찰이 담겨 있느냐에 따라 그 중요도가 달라진다.

IT 산업에서 자주 쓰이는 격언 하나가 GIGOGarbage In, Garbage Out다. 쓸모없는 데이터를 입력하면 쓸모없는 데이터가 출력된다는 말이다. 대개는 출력 데이터의 양에 주목하지만, 입력 데이터의 질도 중요하다. 제아무리 뛰어난 big data 기술을 보유하고 있어도 입력 데이터의 질을 충분히 고민하고 검토하지 않으면 의미 있는 출력 데이터를 얻을 수 없다.

두 번째, 첫 단계에서 통찰을 통해 세운 가설을 big data로 검증해야 한다. 만일 연구자가 압도적인 통찰력의 소유자라면 이 단계를 건너뛸 수도 있다. 애플의 스티브 잡스가 그랬듯 때로는 강력한 카리스마와 통찰력을 지닌 리더가 단독으로 의사 결정을 내려 성공 신화를 쓰기도 한다. 남들이 다 안 된다는 일을 '회장님'이 "밀어붙여!"라고 지시해 성공시켰다는 대기업 사례는 우리에게도 친숙한 이야기다. 그러나 통찰력 있는 리더는 늘 희귀하고, 누군가가 독단적으로 의사 결정을 내리는 일도 드물어진 시대다. 요즘은 비즈니스 의사 결정에 다수가 참여하는 만큼 이들을 설득하기 위해 big data로 검증하는 과정이 꼭 필요하다.

이때 big data로 검증한다는 것은 이미 갖고 있는 데이터를 활용한다는 의미가 아니다. 소비자의 인적 사항, 구매 내용과 패턴 등의 데이터를 모았다는 이유로 big data를 충분히 보유하고 있다고 착각하는 기업이 많다. 그러나 이것만으로는 첫 번째 단계에서 만들어진 가설을 증명하기 어려운 경우가 많다. 보유하고 있는 big data에만 매달릴 게 아니라 가설을 증명할 수 있는 데이터를 적극적으로 모으는 작업을 수행할 수 있어야 한다.

세 번째, 검증을 마친 가설이 실질적으로 어떤 의미를 지니는지 해석해 '왜'라는 질문의 답을 얻은 후, 이에 근거해 소비자의 욕구를 소비자가 원하는 순간에, 원하는 장소에서, 원하는 방식으로 충족시킬 방법을 알려 주는 smart data를 도출한다. smart data는 단순히 분석에만 그치는 데이터가 아니라, 기업의 실질적인 의사 결정을 도출하고 구체적인 실행으로 전환된다는 점에서 매우 중요하다.

사실 thick data와 big data를 결합해 smart data를 도출하기까지의 과정이 쉽진 않다. 새로운 전문가 인력이 필요하고, 업무 프로세스도 달라져야 한다. 또 그간 시행했던 설문조사나 포커스 그룹 인터뷰보다 시간과 비용을 더 많이 투자해야 한다. 그러나 일단 smart data의 힘을 실감하고 나면 더는 설문조사나 포커스 그룹 인터뷰를 맹신하게 되진 않을 것이다.

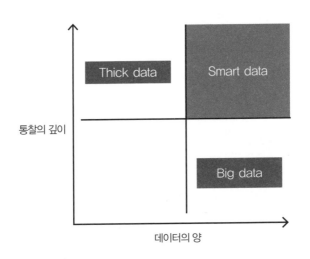

〈그림1〉 데이터의 양과 통찰의 깊이를 모두 만족시키며 실행으로 이끌어 줄 데이터가 바로 우리가 지향해야 할 smart data다.

이제부터 smart data가 실제로 어떻게 만들어지고 활용되는지 살펴보도록 하자. 이 사례에 걸맞은, 가장 이상적인 방법으로 소비자를 연구하는 팀을 소개한다. 바로 구글의 휴먼 트루스 human truths 다.

smart data를 도출하는 모범답안, 구글의 휴먼 트루스

|

구글 재직 시절 내가 이끈 팀은 GCAS Global Clients and Agency Solutions 라는 글로벌 세일즈 조직에 속해 있었다. 구글의 핵심 클라이언트들의 마케팅 역량을 현재 디지털 마케팅 트렌드에 비추어 분석하고 해결 방안을 제안함으로써 기업의 성장을 돕는 일을 한다. 한마디로 주요 글로벌 기업이 구글 디지털 광고를 효과적으로 이용할 수 있도록 디지털 마케팅 지원을 제공하는 일이라 설명할 수 있겠다.

당시 우리 팀이 관리한 핵심 글로벌 클라이언트 중 하나가 국내 기업 A였다. A기업과 디지털 마케팅 파트너십을 공고히 유지하려면 기업의 비즈니스 요구사항을 정확하게 파악해 컨설팅할 필요가 있었다. 이 기업 글로벌 CMO Chief Marketing Officer 의 가장 큰 고민은 주력 상품의 MZ세대 소구력이 글로벌 경쟁사에 비해 매우 약하다는 점이었다. 국내외 시장 모두 40대 이상에선 A사의 시장점유율이 압도적으로 높았지만, 그 이하 연령대에서는 경쟁사 제품의 선호도가 월등히 높았다. 이대로라면 A사의 제품은 유행에 민감하지 못한, 중년들이나 쓰는 물건이라는 이미지로 굳어질 상황이었다.

이때 구원투수로 등판한 것이 바로 구글의 휴먼 트루스다. 휴먼 트루스는 한마디로 구글 내 글로벌 세일즈팀의 리서치 부서라 할 수 있지만, 일반적인 리서치 부서와는 조사의 규모나 방식 등 모든 면이 크게 다르다. 이들은 '구글의 인간 행동 전문가 Google's human behavior experts'를 자처할 만큼 기업과 소비자에 관한 통찰력 있는 연구 결과를 낸다. 연구 하나에 10억 원에 가까운 비용과 최고의 인력이 투입되는 만큼 휴먼 트루스에 연구를 의뢰하려면 구글 내 다른 팀들과 상당히 치열한 경쟁을 벌여야 한다. 해당 연구로 기대되는 수익이 얼마인지, 고객사의 CMO 또는 최고경영진에게 얼마만큼 의미 있는 연구인지를 충분히 설명하여 그들의 마음을 움직여야 휴먼 트루스의 '간택'을 받을 수 있다.

다행히 높은 경쟁률을 뚫고 우리 팀의 의뢰가 채택됐다. A기업이 구글의 핵심 클라이언트 30곳 가운데 5위를 차지할 만큼 영향력이 있었고, 'A기업의 제품이 MZ세대에게 사랑받으려면 어떻게 해야 할까'라는 주제도 상당히 흥미로웠기 때문이다. 연구 의뢰를 제안하는 자리에서 내가 인류학자이고, 휴먼 트루스의 리서치에 매우 큰 관심이 있다고 밝힌 덕에 휴먼 트루스와 활발하게 소통하며 연구 과정을 잘 이끌 수 있었다.

사실 구글의 방대한 big data를 활용하면 얻지 못할 자료가 거의 없다. 구글 폼 같은 툴로도 쉽고 빠르게 원하는 데이터를 손에 넣을 수 있다. 그러나 휴먼 트루스 연구의 핵심은 구글의 big data에 있지 않다. 소비자에 대한 thick data를 모으고, 거기서 깊이 있는 인사이트를 얻어서 그것을 구글이 보유한 big data를 통해 증명한 뒤 궁극적으로 고객사가 취할 액션에 대한 시사점을 도출해 낸다는 데 그 진정한 가치가 있다.

휴먼 트루스는 'MZ세대는 누구이며 무엇을 원하는가'에서 해결의 실마리를 찾기로 했다. A기업의 소비자 연구를 위해서 휴먼 트루스는 외부의 정성조사 기관에 의뢰해 미국, 영국, 브라질, 인도, 태국 등지의 MZ 소비자 470명을 대상으로 참여관찰과 심층 인터뷰를 시행했다. 이렇게 앞서 설명한 THICK 프레임워크와 같은 방법론에 기반해 다양한 정성 자료를 모은 뒤에는 여기에서 의미 있는 가정을 뽑아내는 일이 중요한데, 이는 연구에서 매우 중요한 단계인 만큼 휴먼 트루스의 노련한 전문가들이 맡는다.

다음은 thick data에서 얻은 인사이트를 big data를 통해 증명하는 단계다. 이를 위해 구글이 보유한 어마어마한 규모의 big data가 활용된다. 필요하면 설문조사, 소셜 미디어 분석, 관련 논문이나 기존 자료 분석, 트렌드 분석 등도 시행한다.

마지막으로 thick data와 big data를 통합해 smart data를 도출한다. thick data에 기반해 세운 가설과 인사이트를 big data를 통해 증명하고, 이렇게 얻은 결과가 무얼 의미하는지, 어떤 의사 결정으로 이어져야 하는지 밝힌다.

휴먼 트루스의 A기업 소비자 연구는 애초 예상보다 더 높은 부회장 레벨까지 보고가 들어갈 만큼 반응이 뜨거웠다. 연구 결과를 바탕으로 실질적인 의사 결정도 이루어져서 A기업의 MZ 타깃 광고가 이전과는 완전히 달라졌다.

아직도 구글에 휴먼 트루스 부서가 존재하는지는 잘 모르겠다. 워낙 비용이 많이 드는 데다 연구로 인한 직접적인 이익 증대 효과를 입증하기가 쉽지 않아서 다른 기업은 물론이고 구글에서도 이런 방식의 연구를 꾸준히 지원하기는 무척 어려울 것이다.

휴먼 트루스의 연구가 그 신빙성을 증명하는 데 구글만의 방대한 big data가 큰 역할을 한 것은 사실이다. 그러나 데이터 기술의 발달로 big data 수집은 점점 더 쉬워지고 있다. 오픈 소스 도구나 클라우드 기반의 데이터 처리 및 저장 기술이 점차 발달하고 있으므로 구글과 같은 big data를 보유하지 못했더라도 얼마든지 원하는 big data를 얻을 수 있다. 따라서 big data 보유

여부는 그리 중요한 사항이 아니다. 핵심은 thick data에서 의미 있는 가정을 얻어내는 첫 번째 단계와 smart data에 이르는 세 번째 단계에 있다.

thick data로 통찰하고 big data로 증명하며 smart data로 실행하는 이 일련의 과정이 우리에게 어떤 이익을 안겨 줄까.

첫째, 기업이 자신의 존재 이유이자 존재를 가능하게 하는 소비자를 더 잘 이해할 수 있게 한다.

둘째, 소비자에 대한 이해를 바탕으로 기업과 그 구성원, 그리고 그들의 상품 및 서비스를 더 깊게 파악할 수 있도록 돕는다. 인류학자가 타문화를 관찰하고 연구함으로써 자문화를 더 심도 있게 이해하는 것과 같은 이치다.

셋째, 급변하는 기업 환경에서 미래를 예측하는 데 도움이 된다. big data는 언제나 '21세기의 신'이나 '현대판 점쟁이'로 불려왔다. 그러나 우리가 지금까지 살펴본 대로 big data는 무슨 일이 벌어지고 있는지 보여 줄 순 있어도 그 일이 '왜' 벌어졌는지는 알려 주지 못한다.

'왜' 그 일이 벌어졌는지가 어째서 중요할까. 왜 성공했고, 왜 실패했는지 모르면 과거의 성공을 현재로 이어갈 수도, 과거의 실패에서 벗어날 수도 없기 때문이다. 일례로 블리자드는 왜 한국에서 스타크래프트 I이 그토록 큰 성공을 거뒀는지 깊게 알지 못했다. 이런 이유로 스타크래프트 II는 한국에서 실망스러운 결과를 얻을 수밖에 없었다. 만약 블리자드가 한국인이 스타크래프트 I에 열광한 이유를 앞서 밝힌 세 단계에 따라 정확히 분석했다면 다음 시리즈를 성공으로 이끌 smart data를 얻어 스타크래프트 II를 한국에서 흥행시킬 수도 있었을 것이다.

블리자드의 사례가 단적으로 보여 주듯 미래를 예측할 힌트는 언제나 '무엇'이 아닌 '왜'에 있다. thick data의 통찰을 big data로 증명한 smart data만이 무슨 일이 왜 벌어지고 있는지 알려 줄 수 있고, 미래를 예측하는 정확한 기준이 될 수 있다.

이어질 Part 3에서 우리는 THICK 프레임워크로 얻어진 thick data가 드러나지 않은 소비자의 욕구와 경험에 주목하게 함으로써 제품 및 서비스의 완성도와 브랜드 충성도를 높일 수 있음을 다양한 사례를 통해 확인할 것이다. 또한 thick data를 모으고 활용하는 데 있어 기업문화가 얼마나 중요한지에 대해서도 살펴볼 것이다. 사실 thick data가 좋은 의사 결정으로 이어지려면 무엇보다도 변화와 혁신을 두려워하지 않는 기업문화가 선행돼야 한다. 이제부터 소개할 다양한 사례들이 인류학적 시각으로 무장할 좋은 기회가 되길 기대한다.

Tolerance

Hidden Desire

Informants

Context

Kindred Spirit

THICK data

PART 3

Thick data로
어떻게 비즈니스 기회를
발견하는가

01

소비자는
진실을 말하지 않는다

1988년 출판물 등록이 자유화되면서 우리나라에 잡지 전성시대가 열린다. 온갖 잡지가 우후죽순 생겨나는 가운데 여성지 〈마리안느〉는 창간 전 소비자 조사로 독자들의 욕구를 확실하게 파악하기로 한다. 조사 결과 독자들은 연예계 뒷소문과 스캔들을 주로 다루는 기존 여성지에 환멸을 느끼고 있음이 드러난다. 저질 기사에서 탈피한 여성지가 있다면 구독할 의사가 있다고 답한 응답자도 95%에 달한다. 이에 따라 〈마리안느〉는 1989년에 無섹스, 無스캔들, 無루머 등 '3無 정책'을 표방한 건전한 고품격 여성지를 창간하지만, 기대와 달리 판매가 부진해 1년 5개월 만에 폐간하고 만다. 대체 무엇이 잘못됐을까.

'소비자 조사의 배신'으로 유명한 사례가 또 있다. 1983년 시장점유율이 급락한 코카콜라는 위기감에 신제품 뉴코크를 출시

한다. 뉴코크는 무려 19만 명이 동원된 대규모 시음회에서 경쟁사의 펩시콜라는 물론이고 자사의 클래식 콜라보다도 맛이 더 좋다는 평가를 받는다. 이에 코카콜라는 클래식 콜라의 판매를 중단하고 뉴코크를 전격 출시한다. 당시로서는 천문학적인 액수인 400만 달러의 광고비도 쏟아붓는다. 그러나 결과는 예상과 크게 달랐다. 시음회에서 가장 맛이 좋다고 평가받았던 뉴코크는 실제 시장에서는 맥을 못 추었고, 예전 콜라로 되돌려 놓으라는 소비자들의 항의만 점점 거세진다. 결국 뉴코크는 출시 3개월 만에 시장에서 완전히 모습을 감추고 말았다.

소비자 조사는 수행이 간단하고 결과를 일반화하기에도 좋다는 장점이 있다. 그러나 이 두 사례에서 드러나듯 그 단점 또한 뚜렷하다. 소비자 조사의 가장 큰 문제는 소비자가 언제나 진실만을 말하진 않는다는 데 있다. 다른 사람의 눈을 의식하거나 기억이 또렷하지 않아서 또는 조사자의 기대에 부응하기 위해서 자기 본심과 다르게 응답할 가능성이 있다. 여성지 〈마리안느〉가 실패한 것은 소비자가 스스로 털어놓는 이야기는 이상화되거나 은폐되거나 왜곡되기 쉽다는 사실을 간과했기 때문이다. 독자 대다수가 연예계 뒷소문을 다루는 기사가 천박하고 저질스러우며 자신은 건전한 고품격 여성지를 원한다고 답했지만, 막상 그런 잡지가 나오자 재미없다는 이유로 외면해 버렸다.

두 번째 단점은 실제 구매 상황은 소비자 조사 때와 달리 훨씬 복잡하다는 것이다. 시음회를 통해 소비자가 가장 맛있게 마시는 콜라를 알아낼 순 있어도 마트 냉장고에서 실제로 어떤 음료를 선택할지는 알아낼 수 없다. 일단 음료 종류가 다양하므로 소비자가 반드시 코카콜라와 뉴코크, 펩시콜라 중 하나만을 선택하리란 보장이 없다. '원 플러스 원'과 같은 각종 판촉 행사도 구매에 영향을 미칠 것이다. 설령 콜라를 선택하더라도 그 이유는 매우 다양하다. 소비자에게는 '가장 뛰어난 맛'이 아니라 어릴 때부터 마신 음료라 익숙한 맛, 향수 어린 디자인, 그간 쌓인 정서적 애착 등이 더 중요한 선택 기준이 될 수 있다. 소비자는 맛을 음미할 뿐 아니라 추억하고 재정의하는 존재이기도 하다.

담배 회사에서 가향 담배 신제품을 출시하려 소비자 조사를 한다고 하자. 대개는 세 종류의 가향 담배에서 어떤 향이 가장 만족스러운가를 묻는 식으로 조사가 이뤄진다. 회사 측에서는 소비자가 적극적으로 선호하는 향기를 선택했다고 생각하지만, 소비자 입장에서는 그렇지 않다. 셋 중에서 고르라니 고르긴 하는데, 주어진 모든 향이 자기 취향이 아닐 가능성이 있다. 또는 향은 좋은데, 연무량이나 맛 등 다른 요소가 마음에 들지 않을 수도 있다. 이런 이유로 '가장 많은 소비자가 선택한 향'으로 가향 담배를 만들어 출시해도 실제 시장에서는 잘 팔리지 않는 경우가 많다.

소비자는 모든 감각으로 제품을 체험한다. 이러한 사실을 잘 파악하고 있는 포르셰와 같은 기업은 자동차의 기본 성능뿐 아니라 소리에까지 세심하게 신경 쓴다. 포르셰의 시그니처 엔진 사운드는 사자의 포효가 연상되도록 정교하게 디자인된 것이다. 소비자는 무조건 맛있는 콜라를 선택할 거라 여겼던 코카콜라처럼 포르셰가 '소비자는 빠르고 안전한 차를 좋아할 것이다'라는 선입견에 매달려 소비자 조사를 했다면 수많은 자동차 마니아의 마음을 사로잡은, 특유의 엔진 사운드는 만들어 내지 못했을 것이다. 소비자에 대한 깊은 이해와 통찰 없이 소비자를 그저 납작하고 편협하게만 인식하면 아무리 대규모 소비자 조사를 벌인데도 소비자에 대한 오해만 양산할 뿐이다.

소비자에게 욕구를 묻지 말고
직접 파악하라

|

2010년 1월 28일, 무대에 등장한 스티브 잡스는 르코르뷔지에의 LC3 소파에 다리를 꼬고 앉았다. 그러더니 전자기기로 보이는 무언가를 꺼내 손가락으로 조작하기 시작했다. 세상에 아이패드를 처음 선보이는 순간이었다.

이튿날 SBS 뉴스가 보도한 바에 따르면 미국 내 소비자 반응은 대부분 시큰둥했다. 스마트폰과 노트북 사이에 낀 애매한 제품이다, 카메라가 없고 확장성이 나쁘다 등의 소비자들 불만이 쏟아지자 마지막으로 브랜드 전문가 로라 리스가 등장해 이렇게 말한다.

"다른 회사들과 달리 애플은 광범위한 소비자 조사를 하지 않아요. 1인 포커스 그룹, 스티브 잡스가 좋다면 그냥 가는 거죠."

그 흔한 소비자 조사도 없이 스티브 잡스가 독단적으로 만든 아이패드는 진작에 '소비자의 심판'을 받아야 마땅했지만, 알다시피 그런 일은 일어나지 않았다. 아이패드는 그해 1분기에만 400만 대 이상, 2022년 말 기준으로는 6억 5,800만 대 이상 팔리며 또 하나의 애플 신화를 일구어 냈다.

소비자 조사에 대한 스티브 잡스의 불신은 꽤 오래전부터 시작된 걸로 보인다. 월터 아이작슨 Walter Isaacson이 쓴 스티브 잡스의 공식 전기 《스티브 잡스 Steve Jobs》에 따르면 매킨토시를 개발할 때 시장조사를 어떻게 했느냐는 한 기자의 질문에 잡스는 이렇게 반문했다고 한다.

"알렉산더 그레이엄 벨이 전화를 발명할 때 시장조사를 했겠습니까?"

1998년 5월 〈비즈니스위크〉와의 인터뷰에서는 또 이렇게 말했다.

"사람들 대부분은 제품을 보여 주기 전까진 자신들이 정말로 원하는 것이 무엇인지 정확히 모릅니다."

이것이 바로 스티브 잡스가 소비자 조사를 믿지 않은 근본적인 이유이자 소비자 조사의 세 번째 맹점이다. 전에 없던 혁신적인 서비스나 제품에 대해서는 소비자 조사가 유용하지 않다. 존재하지 않는 무언가를 상상해 평가할 수 있는 소비자는 없기 때문이다. 스티브 잡스가 아이패드를 만들어 세상에 내놓기 전까지 사람들은 태블릿 PC 카테고리가 존재할 수 있다는 가능성조차 상상하지 못했다.

J. K. 롤링J. K. Rowling의 《해리포터와 마법사의 돌Harry Potter And The Sorcerer's Stone》은 무려 12개 출판사에서 출간을 거절당했다. 어린이가 읽기엔 너무 길다는 것이 이유였다. 현재 해리포터 시리즈가 전 세계 80개국 언어로 번역되어 5억 부 이상 팔렸고, 영화로도 제작되어 누적 매출 91억 달러를 기록하며 마블과 스타워즈 시리즈 다음으로 엄청난 돈을 벌어들인 사실을 떠올리면 이 시리즈의 초고를 거절했던 편집자들 마음이 얼마나 쓰라릴까 싶다. 이 시리즈를 전격 출간한 블룸스버리 출판사Bloomsbury Publishing도 대단한 선구안이 있었던 것은 아니었다. 5만 부만 팔려도 다행이라 할 만큼 앞날을 내다보지 못했다. 실은 출간 결정도 블룸스버리 회장의 여덟 살짜리 딸이 강력하게 추천하는 바

람에 가능했다고 한다. 여기에도 '1인 포커스 그룹'의 통찰이 빛을 발한 셈이다.

여러 출판사에서 《해리포터와 마법사의 돌》의 잠재력을 미처 보지 못한 이유는 무엇일까. 애플 제품과 마찬가지로 전에 없던 혁신적인 아이디어였기 때문이다. 이러한 제품이나 서비스는 소비자가 상상하지 못했던 것인 만큼 출시 직후 상당한 저항감과 거부감에 부딪히기 쉽다. 스티브 잡스가 아이패드를 처음 선보인 날, 애플 주가는 미국 주식 시장이 휘청거릴 정도로 폭락했다. 에어팟도 2016년 출시 직후에는 혹평을 면치 못했다. 소비자들은 아이폰의 헤드폰 잭이 사라지는 바람에 울며 겨자 먹기로 에어팟을 구매해야 한다며 에어팟의 비싼 가격, 분실 우려, 콩나물을 닮은 외관 등에 불만을 터뜨렸다. 《해리포터와 마법사의 돌》도 돌풍을 일으키기까지 시간이 다소 걸렸다. 런던의 한 서점에서 열린 롤링의 첫 낭독회에 참석한 청중은 단 두 명이었는데, 그나마도 우연히 서점 구경을 나온 사람들이었다고 한다. 혁신적인 제품에 대한 이런 초기 저항감을 고려하면 아이디어 단계에서의 소비자 조사에선 어떤 결과가 나올지 쉽게 예상할 수 있다.

소비자 조사는 전혀 쓸 데가 없고, 오로지 한 사람의 통찰력만 있어도 된다고 이야기하려는 것이 아니다. 소비자는 혁신적인 아이디어에 대한 이해가 전혀 없고, 오해하기 일쑤이므로 그들에게 귀 기울일 필요가 없다고 말하는 것은 더더욱 아니다. 자신은 소비자 조사를 하지 않는다고 거듭 밝힌 스티브 잡스가 궁극적으로 말하려는 바도 소비자 의견을 무시해도 좋다는 것은 아니리라.

"아직 적히지 않은 페이지를 읽어 내는 것이 우리의 일이다Our task is to read things that are not yet on the page."

공식 자서전《스티브 잡스》에 실린, 그가 직접 작성했다는 글의 한 대목이다. 소비자에게 원하는 바를 묻지 말고, 그들이 무엇이 필요한지 미처 깨닫지 못한 것을 먼저 파악하는 게 자신이 할일이라는 뜻이다.

어떤 제품을 만들어야 할까. 이 제품을 어떻게 마케팅해야 할까. 이 의문에 대한 답은 최종적으로 소비자에게서 찾아야 한다. 소비자는 신제품을 만들거나 홍보하는 방법을 알려 주는 거의 유일한 단서다. 그러나 소비자를 이해하고 그들과 소통하는 가장 효과적인 방법이 소비자 조사는 아니다. 아무나 상상할 수 없는 혁신적인 제품이나 서비스를 만들고자 한다면 소비자 조사에 의존해선 안 되며 특히 아이디어 초기 단계에서는 더욱 그렇다. 스티브 잡스가 '1인 포커스 그룹'이라는 비아냥을 감내한건 아이디어 초반에 행해지는 소비자 조사가 자신의 혁신적인 아이디어를 평범하고 무난하게 만들 수 있다는 사실을 잘 알았기 때문일 것이다.

혁신하려면
고객 경험에 집중하라

소비자 조사를 통해 혁신적인 아이디어를 얻을 수 없는 이유는 소비자가 자신의 잠재된 욕구를 제대로 알지 못하기 때문이다. 우리는 누가 일깨워 주기 전까진 특정 상황에서 어떤 필요성이나 불편함을 느끼고 있음을 잘 깨닫지 못한다.

P&G가 소비자의 가정을 방문해 자사의 세제를 어떻게 쓰고 있는지 관찰했더니 소비자 대부분이 세제를 물에 풀고서 막대기로 휘휘 젓는다는 걸 알 수 있었다. 그러나 소비자들은 한결같이 P&G 세제에 아무런 불만도 없다고 말했다. 이들은 왜 세제가 물에 녹지 않아 불편하다고 말하지 않았을까. 거짓말을 한 게 아니라 자신이 세제 푼 물을 저었다는 사실을 전혀 의식하지 못했을 것이다. 이 참여관찰을 통해 P&G는 물에 잘 녹는 세제를 개발했고, 이 세제를 슈퍼마켓에서 발견하고서야 소비자들은 세제를 물에 풀고서 휘휘 저었던 자기 습관을 의식할 수 있었다. 불편함을 해소하는 신제품이 나오고 나서야 비로소 소비자 스스로

가 그간의 불편함을 인식하게 된 것이다.

ReD의 두 창업자가 공동 집필한《우리는 무엇을 하는 회사인가?》라는 책에도 이와 비슷한 사례가 소개된다. 덴마크의 의료기기 전문업체 콜로플라스트Coloplast는 간호사 출신 엘리세 쇠렌센Elise Sørensen이 결장암 환자인 여동생을 위해 세계 최초로 장루 주머니를 고안한 것을 계기로 1954년에 창립한 기업이다. 장루 주머니는 대변을 체외로 배설하기 위한 작은 주머니 모양의 물건인데, 당시만 해도 이를 판매하는 전문업체가 없어 집에서 직접 만들어 써야만 했다. 장루 주머니가 샐까 봐 외출도 마음대로 하지 못하는 여동생을 보면서 쇠렌센은 접착제로 피부에 부착하는 장루 주머니를 고안한다. 이렇게 시작한 콜로플라스트는 50년간 성공적으로 성장해 덴마크 제일의 헬스케어 기업이 된다.

그러나 2008년, 콜로플라스트 경영진은 기업의 중점 분야인 장루 사업이 정체되고 있음을 발견한다. 대규모 소비자 조사로도 별 효과를 보지 못하자 장루 환자의 개별적인 경험에 대한 심층 정보를 수집하고자 사회과학 연구진이 환자들의 집으로 파견된다. 연구진은 참여관찰을 통해 환자들이 장루 주머니를 사용하면서 수치심과 당혹감, 좌절감을 느꼈으며 중요한 장소에서 결정적인 순간에 장루 주머니가 새는 끔찍한 경험을 했다는 사실을 알게 된다.

그런데 어째서 경영진은 환자들의 이런 고충을 전혀 알지 못했을까. 그간 콜로플라스트는 환자가 병원에 있는 상황만을 상정해 장루 주머니를 만들어 왔다. 입원한 환자는 대개 누운 채로, 전문가의 집중적인 관리를 받는다. 그러나 퇴원하면 모든 상황이 달라진다. 환자들은 더는 전문가의 도움을 받지 못하며 체중에도 변화가 생기고 활동량도 많아진다. 그러다 보니 당연히 장루 주머니가 샐 수밖에 없지만, 환자들은 기업에 불만을 말하지 않는다. 이전과는 삶이 완전히 달라졌음을 수용하고, 장루 주머니의 누출 사고를 막기 위해 외출을 자제하는 등 스스로 일상을 조절하는 선택을 했기 때문이다. 이 과정에서 환자들의 삶의 질이 현저하게 떨어졌음은 물론이다.

불만 접수가 거의 없다는 사실을 장루 주머니가 완벽하다는 증거로 받아들였던 경영진은 이 결과에 큰 충격을 받는다. 이들은 원점에서부터 다시 제품을 분석하고 연구하기 시작한다. 그간 만들어 온 장루 주머니는 '일반 체형'에는 잘 맞지만, 투병 과정에서 체중 변화가 심했거나 수술 후의 상처로 피부가 매끈하지 못한 환자에게는 잘 맞지 않는다는 사실을 깨닫고 환자의 체형을 네 가지로 분류해 맞춤형 바디핏bodyfit 라인을 출시한다. 바디핏 라인은 2010년 첫선을 보이자마자 큰 성공을 거뒀고, 현재 콜로플라스트의 장루 사업은 계속해서 성장하고 있다.

'소비자의 숨은 욕구'란 새롭고 혁신적인 제품에만 국한된 말이 아니다. 제품을 쓰면서 느끼는 크고 작은 불편함이 해소됐으면 하는 욕구 또한 포함하는 말이다. 이런 불만 해소의 욕구는 혁신적인 제품을 향한 욕구만큼이나 소비자 스스로가 인지하지 못하는 경우가 많다. 따라서 소비자가 불만을 표출하지 않는 것을 제품이 완벽하다는 증거로 받아들여서는 곤란하다. 콜로플라스트의 사례처럼 일상의 불편함을 해소하고 삶의 질이 향상할 수 있으리라는 기대 자체가 없어 기업에 불만을 표하지 않는 소비자도 많다.

소비자 조사로는 아무런 불만도 발견하지 못했는데 어째서 매출은 바닥을 치는지 그 이유를 알 수 없다면 소비자를 제대로 이해하기 위한 다른 방법을 강구해야 한다. 이때가 바로 앞서 소개한 THICK 프레임워크의 Tolerance를 통해 Hidden Desire를 찾아내는 일이 필요한 순간이다. 즉 낯설거나 또는 이미 잘 알고 있다고 믿었던 상황을 초심자의 마음으로 선입견 없이, 관대하게 수용함으로써 소비자가 미처 말하지 못한 것을 발견해야 한다.

누군가는 포커스 그룹 인터뷰는 설문조사와 달리 정성 조사의 측면이 있어 급변하는 시장 상황에서 소비자의 잠재된 욕구를 파악하는 데 도움이 될 거라 한다. 나도 포커스 그룹 인터뷰가 개방형 질문을 통해 소비자의 감정과 뉘앙스를 파악하고, 풍부한 답변을 얻을 수 있다는 데 동의한다. 그러나 조사 대상자들 가운데 한 사람이 분위기를 묘하게 주도한다거나 서로 간에 경쟁심이 생긴다거나 말을 가려 해야 한다는 압박감 등이 조성되면 정직한 답변을 기대하기 어려운 상황이 되고 만다는 점도 고려해야 한다.

소비자가 진실을 말하지 않는다면(또는 말하지 못한다면) 우리가 먼저 발견해야 한다. 콜로플라스트와 P&G가 그랬던 것처럼 소비자 조사에만 의존하지 말고, 소비자의 일상으로 들어가 그들의 경험에 주목해야 한다. 혁신의 단서는 소비자의 말이 아니라 소비자의 무의식적인 습관과 행동에서 발견된다. 그리고 이러한 단서는 우리가 앞서 살펴본 THICK 프레임워크에 따라 소비자를 정확히 파악하고 이해할 때만 비로소 얻어진다.

최종 소비자를 만나면 새로운 기회가 보인다

1981년에 제작된 〈부시맨The Gods Must Be Crazy〉이라는 코미디 영화가 있다. 아프리카 칼라하리 사막을 지나던 비행 조종사가 빈 코카콜라 병을 창밖으로 내던지는데, 마침 근처를 지나던 원주민이 이를 발견하면서 벌어지는 소동을 그린 영화다. 하늘에서 뚝 떨어진 이 매끄럽고 무겁고 단단한 물건을 '신의 선물'로 여긴 원주민들은 신이 왜 이런 것을 내려 주셨을까 궁금해하다 그 활용법을 스스로 터득해 간다. 그들은 코카콜라 병으로 가죽끈을 부드럽게 다듬고 가죽 표면에 동그란 무늬를 찍는다. 열매를 찧거나 단단한 무언가를 깨는 데도 활용한다. 병 주둥이에 입을 대고 불어 악기처럼 쓰기도 한다.

같은 콜라병이라도 어떤 맥락에 존재하느냐에 따라 의미가 이렇게 달라진다. 영화 속 원주민들은 어릴 때부터 콜라를 마셔

온 우리가 콜라병에서 톡 쏘는 청량감, 산타할아버지, 비만에 대한 우려 등을 연상한다는 사실을 상상조차 하지 못할 것이다. 칼라하리 사막 한가운데 뚝 떨어진 빈 콜라병은 그 안을 가득 채우고 있는 탄산음료나 화려한 광고 이미지와는 완전히 동떨어진 물체이기 때문이다.

부시맨의 콜라병을 떠올릴 때마다 연상되는 제품이 있다. 바로 팔도에서 만든 도시락면이다. 러시아에서는 도시락면이 용기 라면 시장 60%를 차지하는 '국민 라면'이다. 우리가 조미료를 흔히 '미원'이라 부르듯 러시아에서는 '다쉬락('도시락'의 러시아식 발음)'이 용기 라면을 지칭하는 보통명사로 쓰인다.

도시락면이 일본이나 베트남에서 만든 라면을 제치고 러시아에서 압도적인 우위를 점할 수 있었던 이유는 무엇일까. 1998년, 러시아의 모라토리엄 선언에 수많은 글로벌 기업이 철수하는 와중에 팔도만은 잔류를 선택했고, 덕분에 러시아 소비자의 마음을 움직일 수 있었다. 또 러시아인들이 도시락면에 마요네즈를 섞어 먹는다는 사실에 착안해 마요네즈가 들어간 신제품을 개발하고, 젓가락질에 서툰 점을 고려해 일회용 포크를 제공하는 등 철저하게 현지화했다는 점도 비결로 꼽힌다.

그런데 사실 도시락면은 그 태생부터가 러시아인의 마음을 사로잡는 데가 있었다. 1990년대 부산항에 정박한 러시아 선원들이 으레 구입하는 한국산 생필품 목록에 도시락면이 있었는

데, 사각 형태의 도시락은 선원들이 쓰던 휴대용 수프 용기와 비슷해 금세 러시아 전역으로 퍼져나갈 만큼 인기 있었다.

러시아에서는 영토가 드넓고 지형이 다양해 이동 수단으로 열차와 배가 많이 이용되는데, 도시락면은 안정적인 사각 용기에 담겨 있어 여행 내내 휴대하기에 편리하고, 배나 열차의 선반에서 먹기에도 안성맞춤이다. 다 먹은 도시락면 용기는 반찬통이나 화분 대용으로 재활용된다. 저렴한 가격으로 한끼를 해결하고 그 용기까지 다양하게 쓸 수 있으니 일석이조가 따로 없다. 한마디로 러시아에서 도시락면이 국민 라면이 된 까닭은 뛰어난 맛, 저렴한 가격, 의리 있는 브랜드라는 이미지, 철저한 현지화 때문이기도 하지만, 안정적인 사각 용기 덕이 크다는 것이다.

한때 선원들과 보따리상을 통해 풀린 도시락면의 물량이 워낙 많아서 정작 팔도가 러시아에 정식 진출한 초기에는 수출 실적이 미미했다고 한다. 가수 싸이가 유튜브에 풀린 뮤직비디오 덕분에 '강제 해외 진출'을 하게 됐던 것처럼 도시락면도 사각 용기 덕분에 제조사에서도 예상치 못한 '강제 러시아 진출'을 하게 된 셈이다. 애초에 팔도에서 도시락 모양의 사각 용기를 고안한 건 예전에 어머니가 싸주신 양철 도시락의 향수를 불러일으키기 위해서였을 것이다. 이 사각 용기로 인해 도시락면이 러시아 국민 라면이 되리란 걸 개발 당시에는 아무도 예상하지 못했으리라.

제품이나 서비스는 만든 의도와 상관없이 얼마든지 다르게 쓰일 수 있다. 부시맨이 콜라병을 '신의 선물'로 받아들이고 기상천외하게 활용했듯, 도시락면이 사각 용기 덕분에 러시아인의 일상으로 빠르게 파고들었듯 한 제품의 의미와 쓰임새는 사회문화적 맥락에 따라 달라진다. 이를 '잘못된 사용'으로 받아들이면 제품이 지닌 잠재력을 개발자 스스로 갉아먹는 셈이다. 개발자는 사용자가 각자의 상황에 따라 제품을 변형하고 응용해 사용할 수 있음을 인지해야 한다.

러시아에서 도시락면이 성공할 수 있었던 것은 THICK 프레임워크의 Tolerance, Hidden Desire, Context를 염두에 두고 초심자의 마음으로 선입견 없이 소비자의 숨은 욕구를 사회문화적 맥락에서 파악하려 했기 때문이다. 이러한 노력 덕에 도시락면은 '우연한 성공'을 '지속가능한 성공'으로 바꿀 수 있었다. 반면 앞서 언급한 스타크래프트 I의 경우에는 한국의 어떤 문화적 맥락이 성공 요인으로 작용했는지에 대한 통찰이 부족했던 탓에 그 성공을 계속해서 이어갈 수 없었다.

최종 소비자를 대상으로 한 Tolerance, Hidden Desire, Context가 얼마나 중요한지 모범 사례를 통해 더 설명해 볼까한다. 인도에 기반을 둔 사회적 기업 임브레이스Embrace가 인펀트 워머Infant Warmer라는 제품을 개발하고 개선한 과정을 보면 최종 소비자를 관찰함으로써 얼마나 큰 통찰력을 얻을 수 있는지 실감하게 될 것이다.

제품은 개발자 의도대로만 쓰이지 않는다

|

임브레이스는 아이디오에서 스탠퍼드대학교 대학원생들을 위해 만든 디자인 학교, 디스쿨에서 강좌를 듣던 박사 학위 준비생들이 뜻을 모아 설립한 기업이다. 저개발국 미숙아 사망의 가장 큰 원인이 저체온증이라는 사실에 착안해 이들은 필수 부품만을 갖춘 저렴한 인큐베이터를 만들기로 한다. 이들의 도전 과제는 단순히 가격만은 아니었다. 저개발국의 산모와 신생아는 거리와 비용 문제로 병원을 거의 이용하지 않는다. 병원에 인큐베이터를 기증해도 실제 사용률은 형편없이 낮았으므로 조작이 쉽고 휴대할 수 있는 가정용 인큐베이터를 개발해야 했다. 수많은 시도 끝에 병원에 접근하기 어려운 외딴 지역 아기들을 위한 임브레이스 인펀트 워머가 만들어졌고, 대학원생들은 최종 소비자들이 이 제품을 어떻게 쓰는지 알아보기 위해 인도를 방문한다.

아이디오의 두 공동 CEO는《아이디오는 어떻게 디자인하는가》라는 책에서 이들의 여정을 자세히 소개한다. 인도에 도착한 학생들은 실리콘밸리 연구소에서는 절대로 알아낼 수 없었던 진실을 마주한다. 이들이 개발한 인펀트 워머는 작은 침낭 내부에 파라핀을 주재료로 만든 주머니를 넣은 장치로, 히터로 온도를 한 번 올려놓으면 4시간 동안 그 온도를 유지할 수 있었다. 그런데 인도의 엄마들은 온도계 눈금을 WHO가 권장하는 미숙아용 인큐베이터 적정 온도인 37도가 아닌 30도로 낮춰 쓰고 있었다. 서구 의약품은 그 효능이 너무 강력해서 오히려 몸에 해롭다는 인식이 있었기 때문이다. 이들은 의사가 약을 한 숟가락 먹이라고 하면 반 숟가락 먹여야 안전하다고 여겼다. 그러니 워머 온도를 37도로 유지하라는 지침에 따르지 않고 멋대로 30도 정도로 맞춰 놓은 것이다.

그러나 학생들은 이를 사용자 실수로 치부하지 않았다. 자신들이 최종 사용자인 저개발국 산모들이 처한 사회문화적 맥락을 고려하지 않은 탓이라 여겼다. 실리콘밸리로 돌아온 이들은 미숙아의 부모가 자의적으로 적정 온도를 바꾸지 못하도록 온도를 확인하는 기능을 아예 빼버렸다. 대신 적정 온도인 37도에 도달하면 오케이 표시가 뜨도록 디자인을 바꾸었다. 이렇게 개선된 인펀트 워머는 '사회적 파급력을 갖춘 디자인상' '이코노미 혁신상' 등 각종 상을 휩쓰는 한편 세계적인 유통망을 구축하는 데도 성공한다.

사용자가 애초에 의도된 대로만 제품을 사용하리라 믿는 것은 개발자나 마케터가 흔히 저지르는 실수다. 자신들의 기술에 지나치게 몰두하고 심취한 나머지 매뉴얼이 아닌 다른 방식으로 제품을 사용할 수 있다는 가능성 자체를 떠올리지 못하는 것이다. 그러나 사용자가 제품을 사용하는 방식은 그들이 처한 사회 문화적 맥락, 생활 습관 및 기호에 따라 천차만별일 수 있다.

콜라병 입구에 바람을 불어넣어 연주하는 부시맨이 어리석지 않듯이 인펀트 워머의 온도를 30도로 낮추는 산모들 역시 그렇다. 애초 의도한 대로 제품이 사용되지 못한다면 그것은 사용자가 어리석은 게 아니라 개발자가 최종 사용자를 더 세심하게 배려하지 못한 것이다. 제품이나 서비스를 개발한 뒤에는 반드시 사용자가 어떻게 쓰는지 참여관찰을 통해 알아봐야 하는 이유다.

소비자가 제품을
어떻게 사용하는지에 주목하라

하스스톤은 블리자드에서 만든 최초의 카드 게임으로 처음에는 PC용으로만 개발됐다. 하스스톤뿐 아니라 그때까지의 모든 블리자드 게임이 PC용이었다. 블리자드 본사에서는 왜 모바일 게임을 개발할 생각을 하지 않았을까.

우리나라는 출퇴근이나 등하교에 대중교통을 이용하는 사람들이 많다. 하루 한두 시간 이상 대중교통을 이용하면 휴대전화를 쓸 시간과 기회도 자연히 많아질 수밖에 없다. 이때 스마트폰은 통화 수단이 아니라 메신저, 웹서핑, 게임, 유튜브, OTT 등을 즐기는 여가 수단이자, 낯모르는 옆자리 사람과 일종의 거리두기를 할 수 있는 보호막이 된다.

우리나라에서 유독 화면이 큰 스마트폰이 인기인 이유도 이러한 대중교통 문화와 관련이 깊을 것이다. 스마트폰으로 통화만 하는 게 아니라 드라마나 영화, 게임도 즐기려다 보니 휴대가 불편하고 다소 무겁더라도 화면 크기가 큰 스마트폰을 선호하게 된다.

반면 미국은 대부분의 주거 환경이 교외 단독 주택 형태라 고등학생만 돼도 운전면허 취득이 필수다. 짧은 거리도 자가용을 몰아야 하는 미국에서는 이동하면서 거리낌 없이 전화 통화는 할 수 있어도 게임이나 웹서핑을 할 수는 없다. 이것이 바로 블리자드 본사에서 모바일 게임에 관심이 없었던 이유다. 미국인에게 게임이란 자고로 PC로 하는 것이지 모바일로 하는 게 아니었다.

그런데 블리자드코리아에서 보기에 다른 게임은 몰라도 하스스톤만은 모바일에 매우 적합한 게임이었다. 블리자드의 여느 게임과 달리 손가락 하나로도 얼마든지 플레이할 수 있었기 때문이다. 우리는 당시 블리자드 CEO였던 마이크 모하임Mike

Morhaime이 방한했을 때 이러한 의견을 적극적으로 개진해 보기로 했다.

PC용으로 출시한 게임의 모바일 버전을 만드는 일은 생각보다 간단치가 않다. 스마트폰이라는 제한된 화면에 PC 버전의 경험을 고스란히 옮겨 최적의 편의성을 제공하려면 메인화면부터 게임 속 화면에 이르기까지 모든 UI가 달라져야 한다. 유저의 플레이 경험을 매우 중요하게 여기는 블리자드의 개발자들에게 모바일 버전을 만드는 일은 많은 부분을 처음부터 다시 고민해야 한다는 사실을 의미했다. 그러나 블리자드코리아에서는 이만한 투자를 할 가치가 충분하다고 확신했다. 내 개인적 의견으로도 모바일 버전이 출시되면 많은 한국 유저들이 만족하리라 자신할 수 있었다.

다행히 중국에서도 우리와 같은 욕구가 있어서 마이크 모하임은 결국 우리의 의견을 받아들였다. 한국에는 안드로이드 유저가 압도적으로 많으니 iOS 버전뿐 아니라 안드로이드 버전도 반드시 출시돼야 한다는 의견도 수용됐다.

그로부터 1년 뒤 하스스톤 모바일 버전이 한국에서 출시되자 첫날부터 앱스토어 다운로드 순위 1위, 플레이 스토어에서는 2위를 차지했다. 한 달 후에는 한국 매출이 미국 매출의 절반 수준을 달성하는 기염을 토했다. 평상시 한국 시장 매출이 전 세계 블리자드 매출의 5% 정도였음을 감안하면 놀라운 결과였다.

이처럼 사회문화적 맥락에서 제품이 어떻게 소비되고 활용되는지 깊이 이해해야만 아이디어를 확장하고 새로운 비즈니스 기회를 창출하는 일이 가능해진다. 누가 어떤 의도로 제품을 개발했는지는 중요하지 않다. 사용자가 그 제품을 어떻게 사용하는지에 주목해야 한다. 아무리 훌륭한 제품이라도 실제 사용자들이 일상에서 그 제품과 어떻게 상호작용하는지 관찰하지 않는다면 완벽해질 수 없다.

03

소비자는 물건이 아니라
자부심을 산다

BBC 다큐멘터리 〈슈퍼브랜드의 비밀Secrets of the Superbrands〉에 따르면, 일명 '애플 팬보이Apple fanboy', 즉 '애플빠'들의 뇌를 자기공명영상MRI으로 촬영한 결과 이들이 애플 기기를 볼 때 보상과 쾌감을 담당하는 중추에서 매우 강력한 반응이 일어났다고 한다. 이는 독실한 사람이 자기 종교와 관련한 이미지를 볼 때 나타나는 뇌 반응과 같단다. 한마디로 애플이 곧 종교와도 같다는 것이다. CNN 인터넷판은 이 내용을 소개하면서 다음과 같이 촌평했다.

"할머니가 일요일마다 교회에 안 가고 왜 쇼핑몰에 가느냐고 물으면 '애플 교회'에 간다고 말하라."

나 역시 둘째가라면 서러울 애플빠라는 사실을 고백해야겠다. 미국 어학연수 기간에 처음 맥을 '영접'한 이후로 애플 제품의 디자인과 폼 팩터가 얼마나 간결하고 아름다우며 유저 인터페이스는 또 얼마나 직관적이고 혁신적인지 지인들에게 수없이 '간증'하여 그들을 애플의 세계로 '전도'해 왔다. 내 사례만 봐도 애플이 종교와도 같다는 말은 과장이 아닌 듯하다.

나를 포함한 수많은 애플빠가 애플이라는 브랜드에 마치 종교와도 같은 신념과 열망을 지니게 된 까닭은 무엇일까. 왜 그들은 폐쇄적인 AS 정책과 크고 작은 불편함에도 애플에 대한 신뢰와 애정을 잃지 않고 애플 신제품이 나올 때마다 기꺼이 지갑을 여는 걸까. 왜 그들은 자신을 '애플 유저'로 규정하는 데 일종의 자부심마저 느끼는 걸까.

"단골은 떠나도 팬은 떠나지 않는다."

최근 들어 기업들이 금과옥조로 삼고 있는 말이다. 단골이 습관적으로 또는 나름의 합리적인 이유로 특정 브랜드나 제품을 선호하여 반복 구매하는 집단이라면 팬은 브랜드의 신념과 가치에 공감하고 이를 철저히 내면화한 집단이다. 단골이 품질이나 가격의 변화, 경쟁사 프로모션 등 다양한 이유로 선호 제품을 갈아치운다면 팬은 때때로 실망하고 불만을 느끼더라도 브랜드와의 *끈끈한* 유대를 잃지 않는다. 팬에게 브랜드란 같은 취향과 신념을 공유하는 공동체이자 내가 어떤 사람인지를 보여 주고 표현하는 수단이기 때문이다.

　브랜드 팬덤이 어떻게 형성되고 유지되는지를 설명하기란 쉽지 않다. 특히 애플처럼 강력한 팬덤이 자생으로 생겨난 경우는 더욱 그렇다. 아마도 애플의 팬덤은 혁신적인 기술, 스티브 잡스라는 CEO의 스타성과 쇼맨십 등 다양한 요소가 적절한 시기에 시너지 효과를 낸 결과물일 것이다. 따라서 모든 기업에서 애플과 같은 종교적 팬덤이 자발적으로 불붙길 기대할 수는 없다.

　그렇다면 우리는 애플과 같은 자발적 팬덤이 아니라 정교한 의사 결정과 유연한 전략으로 팬덤을 직접 만들어 낸 기업에 주목해 보자. 고객의 실제 삶에 깊이 파고들어 팬들을 위한 공동체를 조직하고, 자기 브랜드를 팬덤, 더 나아가 하나의 문화현상으로 만든 기업이 있다. 바로 할리데이비슨Harley-Davidson이다.

할리데이비슨은
오토바이가 아니라 체험을 판다

|

1903년 미국에서 설립된 모터사이클 제조사 할리데이비슨은 1960년대까지 시장에서 압도적인 우위를 점하다 이후 혼다와

야마하 등의 일본 업체에 밀려 1980년에는 급기야 도산 위기에 처했다. 한때 90%에 달하던 시장점유율이 25%대까지 떨어졌고, 지저분하고 시대에 뒤떨어진, 무뢰한들이나 타는 오토바이라는 이미지가 고착됐다.

바닥까지 떨어진 브랜드 이미지가 반등하기 시작한 것은 1983년 할리데이비슨 소유자 모임인 '호그HOG, Harley-Davidson Owners Group'를 발족하고부터였다. 돼지를 뜻하는 'hog'는 할리데이비슨과 인연이 무척 깊은 단어다. 1920년대 초, 한창 잘나가던 할리데이비슨의 공식 레이싱팀의 별명이 '할리 호그Harley Hogs'였다. 경기에 이길 때마다 팀의 마스코트 격인 새끼돼지와 함께 세리머니를 해서 붙은 별명이었다. 그러다 1960년대 들어서면서 할리데이비슨이 일본제 모터사이클과 달리 돼지처럼 둔중하고 운전하기 불편하다는 인식이 퍼지면서 할리 운전자는 경멸조로 'HOGs'라고 불리게 된다. 경영진이 새로 조직한 팬클럽에 '호그'라는 이름을 붙인 것은 부정적인 소수자 이미지를 '우리는 특별하다' '우리는 다르다'라는 자부심으로 탈바꿈시키려는 과감한 정면 돌파라 할 수 있었다.

그로부터 40년이 지난 지금, 300명으로 출발한 호그의 전 세계 회원 수는 130만 명에 달한다. 할리데이비슨 운전자들은 '도로의 무법자', '폭주족'이라는 이미지를 벗고 '동경의 대상'으로 자리 잡았다. 2000년에 할리데이비슨은 세계 모터사이클 시장

1위 자리를 탈환했다. 전 세계에 1,500여 개 매장을 두고 있으며 제품 재구매율은 95%에 달한다. 팬클럽 하나로 팬덤이 만들어지는 것은 아닐 텐데, 할리데이비슨은 어떻게 이토록 강력한 팬덤을 구축해 지금까지 공고하게 유지하고 있는 걸까.

1990년대 초반 할리데이비슨은 인류학자가 포함된 연구팀을 구성하여 바이커biker들만의 독특한 문화를 조사했다. 연구팀이 호그를 중심으로 3년간 바이커들의 문화를 관찰하고 인터뷰한 결과, 회원들에게 특별한 집단문화에 동조하고 소속되려는 강한 욕망이 있음을 발견했다. 그들에게 할리데이비슨 모터사이클은 단순한 교통수단이 아니라 그 이상이었다. 제2차 세계대전을 겪은 그들은 일본이나 독일의 브랜드를 경멸했고, 할리를 미국의 가치를 수호하는 상징으로 여겼다. 호그 회원들은 할리를 소유하고 운전하는 일이 곧 자유, 애국, 민족주의를 옹호하는 것과 같다는 강한 신념을 공유했다. 또한 브랜드의 가치와 자신의 정체성이 서로 일치한다는 강한 몰입을 경험하고 있었다.

연구진은 조직 내에 소위 '무법자outlaw'가 더 존경받는 독특한 권력 구조가 존재한다는 사실도 알아냈다. 회원들은 반항과 일탈이 대다수 평범한 사람들과 자신들을 구별 짓는 핵심 요소라 여겼다. 이들 사이의 위계는 활동 몰입도와 브랜드 충성도에 따라 결정되며, 지위 계층의 최하위 멤버는 일정한 사회화 과정을 거쳐 호그의 집단 가치를 내면화해야만 핵심 멤버가 될 수 있었다. 이 연구를 통해 할리 경영진은 회원 간의 유대를 공고히 하기 위해 브랜드가 제공할 것은 서비스만이 아니라 회원들을 결속시킬 비전이나 스토리임을 명확하게 인지한다.

이러한 결과를 바탕으로 할리데이비슨은 회원들이 더 *끈끈한* 유대감과 소속감을 느낄 수 있도록 몇 가지 전략을 세웠다. 할리데이비슨에서 25년간 근무하며 호그를 발족시킨 장본인인 클라이드 페슬러Clyde Fessler는 저서《최고 브랜드는 어떻게 만들어지는가Rebuilding the Brand》에서 '할리데이비슨이 파는 것은 바이크가 아니다. 우리는 체험을 판다'라고 밝혔다. 일본 기업이 TV 및 라디오 광고에 치중하는 동안 할리데이비슨은 자사의 전통과 역사, 모터사이클이 주는 자유와 도전 정신을 강조하기 위해 각종 랠리(모터스포츠 경기의 부류)와 모터사이클 행사에 집중했다. 이러한 브랜드 체험을 확대하려면 프로모션 비용의 70~80%를 신규가 아닌 기존 고객에게 투자하는 과감한 의사 결정이 필요했다.

또한 호그 회원이 패치나 핀, 점퍼와 티셔츠, 두건 등으로 조직 내 위계를 표현하는 경향이 있음에 착안해 액세서리와 부품을 다양하게 출시했다. 호그 회원들 사이에선 2,000만 원짜리 모터사이클을 장식하려고 800만 원 상당의 튜닝 부품과 액세서리를 구매하는 소비 행위가 결코 이상한 일이 아니다.

신규 고객이 아닌 기존 고객에게 투자하는 홍보 전략이 브랜드 확장에 얼마나 도움이 될지 의문이 든다면 페슬러의 이 문장에서 해답을 찾을 수 있다.

"대부분의 할리 소유자는 차후 바이크 구입 시 할리 외 다른 브랜드는 고려하지 않았다. 기름이 새고 툭하면 퍼져 버려도 고객들은 할리 브랜드에 충실했다. 충성스러운 고객이었다. 지금도 그러하다. 그들은 우리의 최고 영업사원이다."

할리데이비슨의 사례는 필립모리스에도 큰 인사이트를 줬다. 내가 한국필립모리스에서 일하는 동안 강하게 추진한 부분이 플래티넘 회원들을 위한 이벤트다. 어딜 가나 눈치를 봐야 하는 아이코스 이용자들에게 성수동 루프톱 카페와 같은 소위 힙한 공간을 제공하면 어떨까. 그런 멋진 공간에서 고급스러운 음식과 음료를 즐기면서, 초청으로 온 영화감독이나 음악가와 대화를 나누며 남의 눈치 보지 않고 아이코스를 마음껏 즐길 수 있다면? 아이코스와 관련한 정보와 팬심을 서로 교환하며 유대감을 다질 수 있다면? 아이코스 관계자가 그 자리에 합석해 팬들의 이야기에 귀 기울이고 이를 신제품 개발이나 서비스 개선에 반영할 수 있다면? 이런 체험이 결국 아이코스를 향한 팬덤과 자부심으로 이어지리라는 게 내 생각이었다. 극소수 플래티넘 회원들을 위한 지원이 사용자 확산에 도움이 될지 의심을 품는 내부 목소리도 있었다. 그러나 나는 아이코스 플래티넘 회원 수십 명이 주변의 흡연자들 수백 명에게 일반 담배의 더 나은 대안으로 아이코스를 '전도'할 수 있을 거라고 확신했다. 또 이들 골수팬에게서 우리가 얻는 인사이트도 상당할 거라고 봤다.

과거의 마케팅이 사용자 확대에만 몰두했다면 이제는 하드코어 사용자들을 대상으로 하는 팬덤 형성에 주력할 때다. 제품력이 전반적으로 상향 평준화한 요즘, 기술력이나 품질만으로는 타 브랜드와의 차별점을 만들기 어렵다. 인간에게는 특정 무리에 속해 안정감을 얻고자 하는 강한 본능이 있다. 8K의 압도적인 해상도로 생생한 현장감을 제공하는 TV가 있어도 우리가 여전히 야구장을 찾아가 파도타기를 하는 이유다. 브랜드 팬덤을 형성하려면 인간이라는 종이 지닌, 소속감에 대한 열망을 잘 이해해야 한다. 그리고 소비자가 브랜드에 강한 소속감과 유대감을 느낄 수 있게 하려면 할리데이비슨처럼 해당 브랜드의 소비자만이 독점적으로 누리는 특별한 경험과 스토리를 제공할 수 있어야 한다.

팬은 브랜드만을 위한
1인 창작자이자 1인 마케터다

|

블리즈컨Blizzcon은 블리자드 엔터테인먼트의 연례 게임 행사로,

전 세계 블리자드 팬들에게는 그야말로 지상 최대의 축제다. 미국 캘리포니아의 애너하임 컨벤션센터에서 이틀간 축하공연, 신제품 공개 및 시연, 코스튬 플레이, e스포츠 이벤트, 팬아트 전시 및 경연, 제작진과의 질의응답 등 다양한 이벤트가 개최된다. 블리즈컨을 찾는 팬들의 수는 해마다 조금씩 다르지만 평균 4만여 명에 육박한다. 200달러가 넘는 블리즈컨 입장권은 티켓 서버가 열린 지 단 4초 만에 매진된다. 입장권 구하기가 이렇게 하늘의 별 따기다 보니 예매 날짜에 휴가를 내는 사람이 있는가 하면 온라인 경매 사이트에서 5배가 넘는 가격에 입장권을 구매하는 사람도 있다고 들었다.

블리즈컨의 여러 프로그램에서 가장 인기 있는 것 중 하나는 질의응답 세션이다. 팬들은 블리자드 게임의 개발자들을 직접 만나 다양한 질문을 쏟아내고 때로 제안도 할 수 있다. 블리자드 게임은 세계관이 방대하고 캐릭터 하나하나에 각자만의 히스토리가 있는 걸로 유명하다. 따라서 열광적인 팬들에겐 이 세션이 마치 창조주와의 만남과도 같을 것이다.

이 질의응답 세션이 팬덤 형성에 중요한 이유는 팬을 '소비자'가 아니라 '내부자'로 만들기 때문이다. '나는 블리자드의 모든 면을 안다', '블리자드 게임은 우리와 함께 만들어지고 성장한다'라는 인식이 블리자드와 팬을 끈끈하게 연결하는 접착제가 된다.

Mnet의 오디션 프로그램 〈프로듀스 101〉이 선풍적인 인기를 끌었던 건 모든 시청자에게 '프로듀서가 되는 경험'을 선사했기 때문이다. '시청자가 프로듀서가 되어 직접 스타를 키운다'라는 콘셉트가 TV 앞 시청자를 '아이돌 문화의 단순한 소비자'에서 '직접 참여하는 내부자'로 만들었다.

이는 브랜드의 팬덤을 형성하고 유지하는 데도 매우 유효한 전략이다. 내가 이 브랜드의 제품과 서비스를 잘 알고, 브랜드의 성장에 영향을 미칠 수 있다고 믿을 때 소비자와 브랜드 간에는 매우 깊은 친밀감이 형성되기 시작한다.

그런데 '내부자가 된 기분'을 느끼게 하는 데서 한 걸음 더 나아간 전략이 있다. 바로 팬을 창작자로 만드는 것이다. 영화 좋아하는 사람들 입에 자주 오르내리는 말이 하나 있다.

"영화와 사랑에 빠지는 데는 세 단계가 있다. 첫째, 같은 영화를 두 번 이상 보는 것. 둘째, 영화에 대해 비평하는 것. 셋째, 직접 영화를 만드는 것."

한마디로 '팬심의 끝판왕은 창작'이라는 말이다. 이 문장에서 '영화'라는 단어를 '브랜드'로 바꿔 보자. 케이팝 열성 팬들이 '최애' 아이돌을 소재로 2차 창작물을 만들어 내듯 브랜드의 열성 팬도 브랜드 관련 창작물을 자발적으로 만들어 유포할 기회를 강렬히 원한다.

블리자드 커뮤니티팀이 하는 일이 바로 이것이다. 이 팀은 블리자드 팬을 자처하는 블로거, 유튜버, 예술가 들에게 신제품 출시 등 새로운 소식을 가장 빨리 전달하고 다양한 이벤트와 혜택을 제공함으로써 그들이 각자의 영역에서 블리자드 게임과 관련한 풍성한 콘텐츠를 만들도록 지원하는 일을 한다. 마케팅팀에서 벌이는 공식적인 홍보 활동도 물론 중요하다. 그러나 이보다 파급력과 영향력이 더 강력한 것은 팬들이 어떠한 경제적 보상도 바라지 않고 순수한 팬심으로 만들어 유포하는 소위 '팬 메이드' 콘텐츠다.

블리즈컨에서 팬들이 선보이는 코스튬 플레이도 같은 맥락으로 볼 수 있다. 플레이어들은 자신이 사랑하는 게임 캐릭터의 의상과 장비를 직접 만들어 착용하고서 실감 나는 연기를 펼친다. 블리즈컨 현장에서 실제로 보면 그 세심한 구현과 예술성에 절로 감탄하게 된다. 블리즈컨이 끝나자마자 이듬해 있을 코스튬 플레이를 준비해야 할 정도로 시간과 노력, 자본을 많이 투자해야 하지만, 이들은 기꺼이 블리즈컨을 위해 이 모든 일을 해 낸다.

무엇이 이들을 한 브랜드만을 위한 창작자와 예술가가 되게 만들까. 시작은 단순한 팬심이었을 것이다. 하지만 팬들이 지속해서 기꺼이 2차 창작물을 생산하려면 이들끼리 모여 재능을 뽐내고, 칭찬과 인정을 받으며, 팬으로서의 자부심을 느낄 만한 다양한 기회가 주어져야 한다. 누구나 콘텐츠 생산자가 될 수 있는 시대에는 누구나 마케터도 될 수 있음을 점차 많은 브랜드가 깨달아가고 있다.

거래는 단골을 만들지만, 관계는 팬덤을 만든다

|

할리데이비슨의 로고는 전 세계에서 '어머니'라는 단어 다음으로 가장 많이 새겨지는 문신이다. 그다음은 애플 로고라고 한다. 여기서 영감을 얻었는지 2018년 러시아에서 한 글로벌 브랜드가 자사의 로고를 문신으로 새긴 뒤 SNS 해시태그로 공유하면 자사 제품을 100년간 매년 100개씩 제공한다는 파격적인 캠페인을 벌였다. 그런데 한 달간 진행할 예정이었던 이 캠페인은 5일 만에 서둘러 막을 내렸다. 며칠 새 300명 넘는 사람들이 캠페인에 몰려들었기 때문이다.

예정한 기간을 다 채우지 못할 만큼 반응이 뜨거웠으니 이 캠페인은 성공한 걸까. 그렇다면 이 브랜드는 할리데이비슨이나 애플과 맞먹는 팬덤을 형성했다고 봐도 좋은 걸까. 사람들은 이 브랜드 로고를 자발적으로 몸에 새겼다. 할리데이비슨이나 애플 로고의 경우도 마찬가지다. 하지만 이 두 사례에는 엄청난 차이가 있다. 모 브랜드 로고를 새긴 사람들은 해당 브랜드의 팬이 아니다. 단지 문신의 대가로 100년간 제품을 무상 제공 받기로 '거래'했을 뿐이다. 그러나 할리데이비슨의 로고를 새긴 사람은 보상이나 대가를 바라지 않는다. 할리를 소유하고 운전한다는 자부심, 할리의 자유와 도전 정신을 공유한다는 소속감이 문신의 유일한 대가라면 대가일 것이다.

핵심은 소비자와 거래를 하느냐, 관계를 맺느냐에 있다. 브랜드 로고를 몸에 새긴다는 행위 자체는 같을지 몰라도 모 브랜드의 경우에 그 행위는 '거래'고, 할리의 경우에는 '관계'다. 모 브랜드의 캠페인에 '인체까지 광고에 써먹으려는 불쾌한 마케팅'이라는 반응이 쏟아지는 이유다.

많은 브랜드가 소비자의 충성도를 높인답시고 이런 실수를 한다. 제품 후기를 작성하면 포인트를 준다거나 자사의 SNS 계정을 팔로우하면 할인 쿠폰을 제공한다는 방식으로는 팬덤을 형성하지 못한다. 소비자와 관계를 맺는 것이 아니라 거래를 하는 방식이기 때문이다. 이를 '거래'가 아닌 '관계'로 만들려면 쿠폰 한 장이라도 손수 작성한 메모와 함께 건네는 방식으로 소비자 한 사람, 한 사람에게 '나는 특별한 사람'이라는 감동을 안겨 줄 필요가 있다.

소비자 커뮤니티를 관리하고 운영할 때도 마찬가지다. 커뮤니티를 마케팅 창구로 활용한다면 할리데이비슨이나 애플과 같은 팬덤은 일어나지 않는다. 커뮤니티는 마케팅 수단이 아닌, 브랜드와 소비자 간의 소통을 위한 장이어야 한다.

소비자와의 거래가 아닌 관계를 지향할 때 비로소 기업은 THICK 프레임워크의 Informants(극단적 사용자와 자문단)를 확보할 수 있고, Kindred Spirit(소비자와의 공감대)를 지니게 되며 Hidden Desire(소비자의 숨은 욕구)를 파악할 수 있게 된다.

"사랑합니다, 고객님"이란 인사말을 건네며 고객 응대를 시작하던 기업이 있었다. 그런데 기분 좋다는 반응보다는 '너희들이 나에 대해 뭘 알아서 사랑한다고 하느냐'며 비아냥대는 반응이 더 많았다. 친밀한 관계가 형성되기도 전에 사랑한다고 달려드는 이를 반기는 사람은 없다. 오히려 경계하고 멀리할 것이다. 고객이라고 다르지 않다. 팬덤은 입에 발린 응대와 할인 쿠폰 따위로 만들어지지 않는다.

블리자드 임원 하나는 한국에 올 때마다 특정 호텔에만 머물렀다. 이유를 물었더니 그 호텔에선 방문 때마다 자기를 알아보고 이름을 불러 줘서 좋다는 대답이 돌아왔다. 고객의 마음을 움직이는 건 서비스나 제품력이 아니라 작고 세심한 배려. 이런 감동이 브랜드와의 감정적 연결을 가능하게 하고, 관계를 공고히 만들며, 마침내 팬덤으로 이어지는 것이다.

04

소비자 중심의 마인드셋은 기업문화에서 시작된다

디지털카메라와 스마트폰의 등장으로 필름 시장은 사양길로 들어섰다. 이에 업계 2위였던 후지필름FUJIFILM은 그간 축적한 화학기술을 이용해 화장품, 제약, 의료 분야로 사업구조를 변화시켜 바이오기업으로 변신한다. 그간 필름 제조에 쓰였던, 100여 가지 화학물질을 생산·가공하는 원천 기술로 새로운 비즈니스 기회를 만들어 낸 것이다.

한편 업계 1위였던 코닥KODAK은 1880년 설립된 이후로 필름 산업계의 제왕으로 군림했지만, 변화의 급물살을 이겨내지 못하고 2012년 파산보호를 신청하는 신세가 되고 말았다. 흥미로운 점은 전 세계에서 디지털카메라를 가장 먼저 개발한 기업이 바로 코닥이라는 사실이다. 코닥은 1975년에 이미 필름 카메라를 대체할 디지털카메라 기술을 개발했고, 디지털카메라가 곧 시장을 지배하리라는 내부 보고서도 만들었다. 그런데 왜 후지필름처럼 사업구조의 변화를 꾀하지 않았을까. 디지털카메라가 너무 고가라 대중화가 어렵고, 필름 수익이 계속 상승 추세라는 점을 이유로 들었지만, 디지털카메라에는 필름이 필요 없다는 게 더 큰 이유였다. 필름으로 수익을 올리는 기업이 디지털카메라를 개발한다는 건 기업의 존재 이유를 스스로 부정하는 격이라고 여긴 것이다. 혁신을 거부하는 내부 문화 탓에 코닥은 변화의 방향을 제대로 예측하고도 그 흐름에 올라타지 못한 채 가라앉아 버렸다.

코닥의 몰락에서 노키아를 떠올리는 이가 나만은 아닐 것이다. 공교롭게도 노키아 역시 애플이 아이폰을 세상에 내놓기 5년 전에 터치스크린과 고해상도 카메라를 장착한 인터넷 전화기를 개발했다. 이를 활용해 온라인 앱스토어를 구축하자는 아이디어도 나왔다. 그러나 경영진은 트리시아 왕의 thick data를 묵살했던 것처럼 이 제안 역시 받아들이지 않았다. 그 결과 한때 전 세계 휴대전화 시장점유율 40%를 차지하던 노키아는 아이폰의 출시와 함께 쇠락의 길을 걷다가 결국 2013년에 마이크로소프트에 매각된다.

코닥과 노키아는 시장의 흐름을 주도하는 혁신적인 아이디어를 떠올리지 못해 몰락한 것이 아니었다. 변화의 흐름을 제대로 읽고 새로운 기회를 잡기 위해 도전했던 이 두 기업은 어째서 혁신을 거부하고 몰락을 자처했을까. 풍부한 thick data를 보유하고도 어째서 결정적이고도 중요한 시기에 그릇된 의사 결정을 내렸을까.

2015년 노키아 이사회 회장으로 발탁된 리스토 실라스마Risto Siilasmaa는 저서 《노키아의 변신Transforming Nokia》에서 리더들의 무사안일과 현실 안주가 노키아 몰락의 원인이었다고 진단한다. 한때 그들을 성공으로 이끌었던 개방적이고 혁신적인 문화를 서서히 잃어버렸다는 것이다. 그 결과, 문제를 지적하거나 나쁜 소식을 보고하는 중간 관리자는 무능력자로 매도당했고, 경영진은 이사회의 눈치를 보느라 의견을 자유로이 개진하지 못했다.

현재 노키아는 휴대전화 제조사가 아닌 네트워크 회사로 재도약하고 있다. 최근에는 60년간 고수했던 브랜드 로고까지 바꾸면서 기업 정체성의 변화를 명확히 드러냈다. 프랑스 인시아드INSEAD 경영대학원의 꾸이 응우옌 후이Quy Nguyen Huy교수와 핀란드 알토Aalto 대학교의 티모 뷰오리Timo Vuori 조교수는 '노키아가 전략의 감성적 측면을 수용한 방법How Nokia Embraced the Emotional Side of Strategy'이라는 글에서 실라스마가 이사회와 경영진 사이에 대화와 소통이 가능하도록 힘쓰고, 이에 따라 다양한 의견과 대안이 제시되는 문화가 생긴 것이 노키아 재기에 큰 힘을 발휘했다고 평가한다.

"좋은 아이디어는 백 원에 몇 개라도 살 수 있지만, 이를 실행에 옮기는 사람의 가치는 값을 매길 수 없다Good ideas are a dime a dozen. People who implement them are priceless."

기업가 메리 케이 애시Mary Kay Ash의 이 말처럼 혁신적인 아이디어보다 더 중요한 것은 그 아이디어를 수용하고 실행하는 일이다. thick data로 얻은 통찰을 서비스 및 제품의 개발과 개선에 적용하려면 무엇보다도 기꺼이 변화하고 혁신하려는 기업문화가 전제돼야 한다. 코닥과 노키아의 사례는 혁신과 변화를 거부하는 기업에는 thick data나 smart data가 아무런 힘을 발휘하지 못한다는 사실을 잘 보여 준다. 내가 Part 3의 4장~6장에 걸쳐 기업문화를 짚어보기로 한 이유다.

혁신을 두려워하고 방해하려는 문화는 어느 집단에나 늘 있다. 하버드대학교 심리학과 수전 데이비드Susan David 교수의 저서 《감정이라는 무기Emotional Agility》에 따르면 사람의 뇌는 종종 편안함을 안전함과 혼동한다고 한다. 기업문화도 이와 비슷해서 익숙함을 안전함으로, 혁신과 변화는 위험 요소로 받아들이기 쉽다. 수많은 기업이 기존의 성공 공식만을 답습할 뿐 새로운 비즈니스 모델을 개발하는 데는 소극적이고 부정적인 이유가 여기에 있다. 그러나 코닥과 노키아의 사례에서 보듯 급변하는 현대사회에서는 익숙함이 안전함이 아니라 오히려 위험 요소임을 여실히 보여 준다.

기업이 익숙함에서 벗어나 혁신과 변화를 과감하게 받아들이려면 조직문화가 어떻게 달라져야 할까. 어떤 조직문화를 정착시켜야 thick data를 제대로 수집하고, 이를 통해 얻은 소비자에 대한 이해를 상품과 서비스의 개선에 반영할 수 있을까.

- 첫째, 수평적 의사소통 체계가 마련돼야 한다.
- 둘째, 모든 직원이 창의적인 아이디어를 도출할 수 있어야 하고, 경영진은 이를 독려하고 수용해야 한다.
- 셋째, 다양성을 받아들일 수 있는 조직이어야 한다.

이번 장에서는 우선 수평적인 기업문화를 살펴보기로 한다. 아이디오의 CEO 팀 브라운Tim Brown은 자신의 저서《디자인에 집중하라Change by Design》에서 "빨리 실패하고 자주 실패하라Fail fast, Fail often"라고 썼다. 첫 번째 프로토타입을 내놓는 데까지 걸리는 시간으로 혁신의 문화가 얼마나 활성화돼 있는지 알 수 있다는 것이다. thick data로 얻은 통찰을 big data로 증명해 smart data를 도출하고 실행하는 일도 마찬가지다. 이 과정의 속도가 곧 조직문화가 얼마나 혁신적이고 수평적인지 보여 주는 바로미터다. 아이디어가 실무자부터 과장, 부장, 상무를 거쳐 사장까지 올라가고 피드백이 다시 사장에서 상무, 부장, 과장을 거쳐 실무자까지 내려오는 위계적인 조직은 시장과 소비자 욕구의 변화 속도를 미처 따라잡지 못한다. thick data로 얻은 소비자에 관한 통찰이 실제로 상품과 서비스의 개선으로 이어지려면 통찰의 깊이도 중요하지만, 유연하고 빠른 의사 결정이 가능해야 하고, 그러려면 무엇보다 수평적인 기업문화가 갖춰져야 한다.

위계 중심의 수직적 조직이
유연한 수평적 조직이 되기까지

|

내가 구글을 떠나 한국필립모리스로 옮긴 이유는 당시 필립모리스 본사 경영진이 기업문화의 특성을 매우 잘 이해하고 있다는 사실에 인류학자로서 큰 흥미와 의욕을 느꼈기 때문이다. 한국필립모리스 대표직을 제안받고서 스위스 로잔의 필립모리스 본사에서 당시 COO였던 야첵 올자크 Jacek Olczak(현재는 CEO)를 포함한 여러 임원을 만났다. 표면상으로는 면접 자리였지만, 질문은 오히려 내가 더 많이 한 듯하다. 필립모리스가 과학적 검증에 기반한 안전성을 최우선 가치로 삼는 신뢰할 만한 기업이 맞는지, '담배 연기 없는 미래'라는 비전을 그저 책임 회피용이나 홍보용으로 내걸고 있진 않은지 확인하고 싶은 게 많았다.

"제겐 열네 살짜리 딸이 있습니다. 플라스틱 컵 사용을 줄이기 위해 가장 좋아하는 버블티도 끊을 만큼 아주 열렬한 환경주의자죠. 나는 딸아이에게 부끄러운 일을 할 수 없습니다. 그래서 묻습니다. 필립모리스의 비전에는 정말로 진정성이 있습니까?"

이 질문에 대한 임원들의 답변은 매우 인상적이었다. '담배 연기 없는 미래'는 2008년부터 필립모리스가 90억 달러를 투자한 핵심 가치이며 2025년까지 비연소 제품의 매출 비중을 50%까지 확대하는 것이 목표라고 했다(2023년 초 기준으로는 2008년부터 약 105달러, 한화 13조 원을 비연소 제품 R&D에 투자해 왔다). 그러나 이들의 최종 비전은 따로 있었다. 전자담배 디바이스 기술을 기반으로 헬스케어 기업으로 거듭난다는 것이다. 궐련형 전자담배의 원리처럼 약물을 '복용'하는 게 아니라 '흡입'하면 체내에 더 빠르게 흡수시킬 수 있다. 가령 타이레놀을 복용하면 30분에서 한 시간이 지나서야 약효가 나타나기 시작하지만, 흡입이 가능하다면 약 성분이 모세혈관으로 곧바로 흡수되어 약효가 즉시 나타날 것이다. 흡입량은 복용량의 10분의 1이면 충분하다. 헬스케어 기업으로의 전환을 위해 이미 여러 의료기업을 인수할 준비도 하고 있다고 했다.

담배 산업은 당시 내가 몸담고 있던 구글과 달리 매년 1~1.5% 축소되는 시장이다. 세계 최고의 담배 기업으로서 필립모리스는 이 위기를 타개할 방법으로 흡연 인구가 비연소 제품으로 옮겨가도록 유도하고, 이 과정을 통해 새로운 산업으로 전환하겠다는 대담한 전략을 세운 것이다.

이를 실현하기 위해 경영진은 한국필립모리스 신임 대표에게 두 가지를 요구하고 기대한다고 했다.

- 첫째, 비즈니스 전환을 효율적으로 이끌고 관리할 것.
- 둘째, 조직 문화를 수평적으로 변화시킬 것.

이 두 번째 요구 사항이 내가 대표 자리를 수락한 결정적인 이유였다. 인류학자로서 기업문화를 바꾸는 일에 큰 흥미를 느끼기도 했고, 무엇보다 비즈니스 전환을 앞두고 수평적 조직 문화에 주목하는 경영진의 통찰력이 무척 놀라웠기 때문이다.

흔히 비즈니스 전환이라 하면 기술력에만 주목하기 쉽다. 그러나 그에 못지않게 기존의 조직 문화를 새로운 비즈니스에 맞춰 변화시키는 일도 중요하다. 이 사실을 경영진이 이해하느냐, 못 하느냐에 따라 비즈니스 전환의 성패가 결정된다.

한국필립모리스의 조직 문화를 수평적이고 유연하게 변화시키기 위해 내가 가장 먼저 한 일은 '님 호칭' 제도의 도입이었다. '부장님' '과장님' 등의 직위로 부르지 말고 이름 뒤에 '~님'을 붙여 부르도록 했다.

국내 대기업에서 처음으로 호칭에 변화를 일으킨 곳은 CJ였다. 2000년부터 시작했으니 역사가 꽤 길다. 직위가 아닌 '~님'

으로 부르는 이 새로운 문화가 대기업에 자연스럽게 스며들기까지 수년이 걸렸고, 내가 CJ에 입사한 2003년에는 이미 서로를 어색함 없이 '~님'이라고 부르는 문화가 조성돼 있었다.

CJ가 갑자기 호칭 제도를 뒤흔들 생각을 한 이유는 무엇일까. 당시는 CJ가 전통 제조업인 푸드 산업에서 엔터테인먼트 분야로 사업을 확장하려는 때였다. 그러다 보니 문제가 된 부분이 바로 기업문화였다. 공장 중심의 제조업에서는 위계질서가 확고한 편이 안전사고를 줄이고 생산성을 높이는 데 도움이 되지만, 엔터테인먼트 업계는 독창적이고 새로운 아이디어를 빠르게 수용해야 하는 분야인 만큼 유연하고 자유로운 문화가 필요하다고 판단한 것이다.

님 호칭 제도가 기업문화를 유연하게 바꾸는 데 과연 도움이 될까. 내가 CJ에 근무하던 시절의 경험이 그 대답이 될 수 있을 듯하다. 계열사 직원들끼리는 명함을 주고받지 않은 채로 간단하게 자기 이름만 밝히고 회의에 들어간다. 그러면 상대방이 과장인지 대리인지 알 길이 없다. 상대방의 직함에 따라서 말의 권위가 달라지지 않는다. 모든 회의 구성원이 동등한 위치에서 누군가의 눈치를 보거나 권위에 눌리지 않고 자유롭게 의견을 나눌 수 있다. 한 사람의 의견은 오로지 그 합리성과 독창성에 의해서만 평가된다.

내가 한국필립모리스에서 님 호칭 제도를 시작한 이유도 이와 비슷하다. 궐련을 생산하는 전통적인 제조 기업으로 필립모리스를 정의하면 애써 기업문화를 바꿀 필요가 없다. 여느 제조업이 그렇듯 직급과 서열 중심의 수직적 위계질서로도 문제없이 잘 굴러갈 수 있다. 특히 담배 산업처럼 규제가 엄격한 분야에서는 노련하고 카리스마 있는 의사 결정이 필요한 경우가 많다.

그러나 필립모리스는 이미 전통 궐련을 만드는 제조 기업에서 벗어나 아이코스 디바이스를 생산하는 테크 기업으로 변모해 가고 있다. 기업의 주력 상품이 달라졌다는 것은 결코 단순한 의미가 아니다. 일하고 의사소통하는 모든 방식이 하나부터 열까지 달라져야 한다는 뜻이다. 단적인 예로 말보로와 같은 일반 담배는 디지털 광고를 할 수 없지만, 아이코스와 같은 전자담배 디바이스에는 그런 규제가 없어 여러 채널을 통해 다양하게 마케팅할 수 있다. 이런 경우 리더의 지시에 일사불란하게 움직이기보다 여러 구성원이 자유로이 의견을 개진하고, 이를 의사 결정에 빠르고 유연하게 반영하는 형태가 더 효율적이다.

테크 기업은 치열한 경쟁 속에서 기술 발전이나 소비자 욕구의 변화에 빠르게 대처해야 한다. 삼성이 휴대전화 신제품을 출시하는 주기를 보자. 예전에는 매년 2월에 갤럭시 시리즈, 8월에는 노트 시리즈 식으로 6개월 간격으로 신제품이 출시됐지만, 폴드 시리즈가 나오면서는 그 주기가 4개월로 단축됐다. 일단 필립모리스가 디바이스 시장에 발을 디디면 휴대전화 시장만큼은 아니어도 기존보다 훨씬 빠른 속도로 고객의 욕구를 반영할 수 있어야 한다. 그러려면 사내 구성원 간의 원활한 커뮤니케이션과 신속한 의사 결정이 필수적이다. 서열 중심의 수직적 문화가 아닌, 역할 중심의 수평적 조직 문화가 필요한 것이다.

님 호칭 제도는 그 취지를 구성원이 제대로 이해하는 것이 중요하다. 수직적 위계질서에서 벗어나야 좋은 아이디어가 빠르게 모일 수 있고, 그 아이디어를 신속하게 실행하고 보완할 수도 있으며, 님 호칭 제도는 바로 이런 목적을 위해 필요하다는 점을 구성원 모두가 잘 인지해야만 한다. 그렇지 않으면 상무 위로는 기존대로 직위나 직책을 붙여 부르는 식으로 변칙 운용되거나, 호칭만 달라졌을 뿐 상사에게 여전히 깍듯하게 상명하복하는 일이 벌어진다. 이런 경우 님 호칭 제도는 그저 번거롭고 귀찮은 규칙으로 전락해 기업문화에 어떠한 변화도 일으키지 못한다. 많은 대기업이 수평적 조직 문화를 지향한다는 명분으로 님 호칭 제도를 도입했으나 CJ만큼 안착한 경우가 드문 것도 이런 이유 때문이다.

극존칭 대우를 받는 자리에서 스스로 권위 의식을 내려놓지 않으면 수평적인 조직 문화는 그저 허울 좋은 명분일 뿐이다. 이 경우에 있어서만은 철저한 톱다운top-down 방식이어야 한다. 듣기로는 CJ에서도 이재현 대표이사가 회의 때 자신을 '이재현 님'이 아닌 '회장님'이라고 부른 임원에게 엄중하게 경고한 이후로 님 호칭 제도가 빠르게 자리를 잡아갔다고 한다.

한국필립모리스에서도 처음에는 님 호칭 제도를 불편해하는 분위기가 역력했다. 나를 '대표님'이 아니라 '영재 님' 또는 'YJ 님'으로 불러달라고 했지만, 워낙 위계질서가 공고한 조직이었던 만큼 변화가 쉽지 않았다. 누군가가 나를 '대표님'으로 부를 때마다 한 걸음씩 차근차근 간다는 마음으로 "'영재 님'으로 불러주십시오"라고 반복해 상기시켰다. 님 호칭 제도는 유행이나 겉멋을 따르려는 게 아니라 불필요한 권위와 위계를 없애 더 다양하고 좋은 아이디어를 빠르게 얻기 위함이라는 사실도 거듭 강조했다.

유연한 기업문화를 만들기 위해 내가 시도한 두 번째 일은 회의 시간을 단축해 빠른 의사 결정을 유도하는 것이었다. 구글에서는 거의 모든 회의를 30분 이내에 마친다. 아니, 정확히 말하면 25분 이내에 끝낸다. 그래야 다음 회의실로 이동할 시간을 벌수 있기 때문이다. 구글러들의 일정표에는 이런 식의 30분짜리 미팅이 연달아 들어차 있다. 30분도 안 되는 시간에 말 한마디나 할 수 있을까 싶겠지만 막상 해보면 그렇지 않다. 만나서 자기소개부터 안건 정리, 토론, 의사 결정까지 30분 이내로 끝내려면 사전에 회의 준비를 철저히 해야 하고, 모든 구성원이 놀라운 집중력으로 회의에 임해야 한다. 이런 집중도 높은 회의를 한번 경험해 보면 서너 시간짜리 축축 늘어지는 회의가 얼마나 비효율적인지 알게 된다.

한국필립모리스의 회의 시간도 여느 기업처럼 거의 서너 시간에 육박했지만, 내가 부임한 이후로는 획기적으로 단축됐다. 안건에 따라 마라톤 회의를 할 때가 더러 있긴 해도 대개는 30분 이내로 회의를 마쳤다.

조직 문화의 변화를 위해 또 하나 시도한 일은 부서 간 협업과 피드백을 장려하는 것이다. 내가 부임한 이듬해, 회사 조직 문화의 목표를 '성과를 이루기 위한 협업Collaboration for Performace'으로 정하고, 모든 업무에서 이 주제에 집중하길 독려했다. 대개 협업이라 하면 타인을 존중하고 배려하는 태도만을 떠올리지만, 우리가 이뤄야 할 협업은 회사 전체의 퍼포먼스를 높이기 위한 것인 만큼 단순한 제스처에만 머물러서는 곤란했다. 가령 어떤 안건에 대해 모든 구성원이 한마음 한뜻으로 찬성하고 동의하는 것은 진정한 의미의 협업이 아니다. 내가 말하는 협업이란 오히려 서로 치열하게 토론하고 다양한 의견을 주고받는 것이며 그런 과정을 통해 더 나은 해결 방안을 도출하는 것이다.

그러려면 부서 간에도 활발하게 피드백이 오가야 한다. 사실 다른 부서의 업무에 피드백을 주기란 쉽지 않다. 각자 전문 영역이 따로 있으니 이를 존중해야 한다고 생각하기 때문이다. 그러나 이 '전문성'이라는 보호막 뒤에 버티고 서서 '다른 부서는 우리 업무를 제대로 알지 못하니 섣불리 참견해선 안 된다' 식의 방어적 태도를 보이면 늘 하던 대로 비슷비슷한 아이디어만 내게 된다. 다른 부서의 구성원도 결국엔 우리 제품을 구매하는 소비자다. 다른 부서의 피드백을 '비전문가가 알지도 못하면서 하는 소리'가 아닌 '소비자 의견'으로 받아들일 수 있어야 한다.

이렇게 다른 부서의 업무에 관심을 두면 자연히 우리 부서와의 연관성을 총체적으로 헤아릴 수 있게 된다. 우리 부서의 성과에만 집중하는 게 아니라 타 부서와의 협업으로 회사 전체의 퍼포먼스를 높일 방법을 고민하게 되는 것이다.

처음 대표로 부임했을 때는 회의에서 내가 입을 열기 전까진 아무도 발언하지 않았다. 위계질서가 뚜렷한 조직이었던 만큼 상사의 발언 점유율이 압도적으로 높은 회의에 다들 익숙했기 때문이다. 그러나 님 호칭 제도가 서서히 자리를 잡아가고 회의 시간을 30분 이내로 줄이면서 부서 간 피드백을 독려했더니 얼마 안 가 내가 입 한 번 뻥긋하지도 못할 만큼 회의 참석자들의 의견 개진이 활발해지기 시작했다.

작은 습관이 기업문화를 바꾸고 혁신을 이끈다

|

기업문화란 그 구성원이 공유하는 비전, 가치관, 규범, 신념, 원

칙, 제품, 리더십, 습관 등의 총합이다. 이 가운데 내가 가장 중요하게 생각하는 요소는 습관이다. 우리는 자신이 가치관과 규범에 따라 움직인다고 여기지만, 사실 우리의 행동 대부분은 습관의 결과라 해도 과언이 아니다. 아무리 거창하고 고상한 신념이라도 그것을 고수하려면 사소한 습관의 힘을 빌려야 한다. 가령 누군가가 환경주의자라면 그 사람의 신념과 정체성은 일회용품을 쓰지 않는다거나 분리배출을 철저하게 하는, 작고도 사소한 습관으로 유지되고 증명된다. 따라서 기업문화를 변화시키고자한다면 구성원의 비전이나 가치관, 규범보다 습관에 주목해야 한다. 내가 수평적인 조직문화를 위해 '회의 때 지위고하 막론하고 활발하게 의사소통하라'라고 규범을 정하는 대신, 님 호칭 제도를 조직의 새로운 습관으로 뿌리내리게 한 이유다.

문제는 습관을 바꾸는 일이 가치관을 바꾸는 일 못지않게 어렵다는 것이다. 습관은 하루아침에 달라지지 않는다. 가랑비에 옷이 젖듯 작은 것부터 지속해서 노력해야만 바뀔 수 있다.

이에 유용한 방법이 바로 넛지nudge다. 'nudge'란 원래 '팔꿈치로 슬쩍 찌르다' '특정 방향으로 살살 몰고 가다' 등의 뜻을 지닌 단어인데, 미국의 행동경제학자 리처드 탈러Richard H. Thaler와 법학자 캐스 선스타인Cass R. Sunstein이 '자유주의적인 개입' '바람직한 방향으로의 부드러운 유도' 등으로 재정의해 유명해졌다. 암스테르담 공항의 화장실 이야기는 넛지의 가장 널리 알려진 사례다. 화장실을 쾌적하게 유지하는 데 경고문 붙이기나 불이익 주기 등은 도움이 되지 않았지만, 소변기에 파리 모양 스티커를 붙이자 즉각적으로 효과가 나타났다는 것이다. 화장실을 청결하게 쓰게끔 자연스럽게 유도하는 것, 강요하거나 억지로 떠밀지 않고도 바람직한 결과에 도달하도록 이끄는 요령이 바로 넛지다.

직원들에게 양질의 식사를 무료로 제공하는 것으로 유명한 구글이(최근에는 비용 절감을 위해 복지 축소를 선언하면서 무료 식사를 매일 제공하진 않는다) 팬데믹 이전에 직원들의 건강 증진을 위한 식생활 개선 프로젝트를 추진한 적이 있다. 이를 위해 구글은 하루 다섯 종류의 과일과 채소를 섭취하자는 캠페인을 벌이는 대신 넛지 전략을 취했다. 구내 카페테리아의 접시 크기를 30cm에서 25cm로 줄이고, 육류를 음식 진열대 맨 뒤에 배치했다. 마이크로 주방이라 불리는 휴게실에서는 음료와 스낵류를 무료로 제공했는데, 신선한 과일을 커피 메이커 가까이에 둬서 접근성을 높였다. 반면 고열량 간식은 커피 메이커에서 최대한 멀리 두거나 불투명한 서랍에 넣어 뒀다. 이런 방법은 강요하거나 강제하지 않으면서도 몸에 좋은 음식을 자연스럽게 가까이 할 수 있도록 슬쩍 개입하는 전형적인 넛지라 할 수 있다.

한국필립모리스에서 님 호칭 제도를 시행할 때도 넛지가 활용됐다. 님 호칭 제도에 빠르게 적응한 팀도 있었지만, 업무상 위계질서가 확실한 부서들은 상대적으로 적응이 더뎠다. 그렇다고 수평적인 조직문화를 위해 님 호칭 제도를 도입해 놓고는 이를 잘 따르지 못한다는 이유로 불이익을 줄 수는 없었다. 내가 고안한 넛지는 잘 따르지 못하는 직원에게 불이익을 주는 게 아니라, 잘 따르는 직원을 칭찬하는 것이었다. HR팀이 님 호칭 제도를 잘 실천하고 있는 직원을 선정하면 정기 미팅 자리에서 불시에 그 직원을 지목해 격려하고 상품을 전달했다.

넷플릭스 창업자 리드 헤이스팅스Reed Hastings는 "조직문화는 누가 상을 받고 승진하고 해고되는지에서 여실하게 드러난다"라고 말했다. 조직에서 내세우는 그럴듯한 캐치프레이즈가 아니라 어떤 직원이 높게 평가받고 승승장구하는지를 봐야 그 조직에서 실제로 추구하는 진짜 가치가 밝혀진다는 말이다. 나 역시 조직을 위해 아주 작은 습관을 착실히 실천한 직원에게 상을 줌으로써 우리가 무엇을 추구하는지를 분명하게 보여 주고자 했다.

다이어트가 어려운 까닭은 우리 몸에 항상성이라는 게 있기 때문이다. 극단적인 식이요법으로 체중을 감량해 봤자 조금만 방심하면 기어이 원래 몸무게를 회복하고야 만다. 전문가들이 운동 습관, 식습관이 중요하다고 강조하는 이유가 여기에 있다. 기업문화에도 이런 항상성이 있다. 기술혁신 등 커다란 이벤트가 있어도 변화를 거부하고 부정하는 기업문화가 있다면 코닥이나 노키아의 사례처럼 몰락의 길을 걷게 된다. 이벤트나 충격요법으로는 조직문화를 잠깐 흔들 수는 있어도 근본적으로 변화시킬 수는 없다. 조직문화는 조직의 습관을 바꿔야만 달라진다.

조직문화는 구성원이 사고하고 행동하는 모든 방식에 영향을 미치지만, 구성원은 이를 전혀 인지하지 못한다. 마치 공기의 존재를 의식하지 않은 채로 숨 쉬는 것과 같다. 마찬가지로 조직의 구성원들은 조직문화가 달라지고 있다는 사실도 알아채지 못한다. 부드러운 개입으로 그저 습관만 몇 가지 바꿨을 뿐인데 돌아보니 새삼 기업문화가 많이 달라졌구나 하고 놀라게 된다면 가장 성공적으로 기업문화가 바뀐 경우라 할 수 있을 것이다.

05

Thick data를 이끌어 내는
내부 역량은 어떻게 만들어지는가

최근 LG전자에서 백색가전에 대한 선입견을 깨부수는 기발한 제품들을 연이어 출시해 개인적으로 꽤 관심 있게 지켜보고 있다. 가령 가정용 식물재배기 '틔운'은 집 안에서 내 손으로 직접 채소를 키우고 싶어 하는 요즘 소비자들의 욕구를 잘 포착한 제품이다. 팬데믹 이후로는 플랜테리어에 관한 관심이 높아지는 추세에 발맞춰 허브나 꽃 등 관상용 식물도 재배할 수 있도록 기능과 디자인을 개선했다고 한다.

이동식 무선 스크린 '스탠바이미StanbyME'는 개인 공간에서 개별적으로 콘텐츠를 즐기고자 하는 젊은 세대의 라이프 트렌드를 정확하게 반영했다. TV는 클수록 좋다거나 한 장소에 고정된 가전이라는 기존 관념을 깨고, 바퀴를 달아 원하는 장소로 쉽게 옮길 수 있게 만들었다. 얼마 전에는 다양한 고객 경험을 제공하기 위해 스탠바이미로 OTT와 게임 등 다양한 콘텐츠를 즐기는 해변 콘셉트의 문화 체험 공간 스탠바이미 클럽을 홍대 거리에 열어 큰 호응을 얻기도 했다.

이외에도 LG전자는 캠핑 인구가 늘면서 새로이 입소문을 타게 된 '룸앤TV', 게임에 최적화한 40인치 올레드 TV 등 기존 TV 시장에서는 볼 수 없었던, 고객 경험에 주목한 혁신적인 제품을 다양하게 출시하고 있다.

LG전자도 한때는 아이디오의 클라이언트 중 하나였다. 그러나 최근에는 아이디오와의 협업으로 익힌 인사이트를 내부에서도 도출하는 시스템을 구축한 것으로 보인다. 실제로 스탠바이미를 개발할 당시 LG전자에서는 처음으로 상품 기획부터 디자인, 마케팅, 품질 관리에 이르는 모든 과정을 아우르는 별도의 프로젝트팀을 운영했다고 한다. 틔운이나 LG홈브루 등의 제품은 LG전자 사내 독립 기업인 CIC company In Company에서 개발했다. 대기업에서 이렇듯 독립적이고 자율적인 개별팀을 만드는 이유는 고객들의 다양한 욕구를 파악하고 페인 포인트를 정확하게 알아차리려면 유연하고 애자일한 조직이 필요하기 때문이다. 이렇게 소비자의 욕구를 정확히 파악하려 노력한 결과, 누운 채로도 화면을 한눈에 보고 쉽게 터치할 수 있도록 크기를 27형으로 만들고, 화면의 높이나 방향을 시청 자세에 맞춰 자유로이 조절할 수 있게 하는 스탠바이미의 핵심 아이디어가 도출될 수 있었다.

소비자를 이해하고 그들의 욕구를 반영한 혁신적인 제품과 서비스를 개발하기 위해 컨설팅 회사의 도움을 받을 수는 있다. 그러나 궁극적으로는 LG전자와 같이 외부의 도움에 의존하지 않고 내부 역량을 강화하는 방식으로 변화하는 것이 가장 바람직하다. 컨설팅 회사와 협업하는 경우라도 내부 역량이 있는 기업과 없는 기업은 결과물에 차이가 있을 수밖에 없다. 혁신과 변화를 두려워하고 기존 방식을 고수하려는 문화가 있는 기업이라면 컨설팅 회사의 도움으로 반짝 활기가 돌 수는 있어도 근본적인 역량이 달라지진 않는다. 중요한 것은 변화의 필요성에 공감하고, 변화를 수용할 의지가 있는 조직을 만드는 것이다.

그렇다면 변화를 두려워하지 않는 기업문화, 소비자를 이해하고 파악하는 내부 역량은 어떻게 기를 수 있을까. 직원들 개개인이 상상력과 창의력을 발휘할 수 있어야 한다. 그러려면 능력 있는 인재를 채용하고, 그들을 적재적소에 배치하는 일도 중요하지만, 무엇보다 톱다운이 아닌 보텀업bottom-up 방식의 아이디어 수렴 시스템을 갖출 필요가 있다. 스탠퍼드대학교 경영과학 교수 로버트 I. 서튼Robert I. Sutton은 지속적인 혁신은 천재 한 명으로 가능한 일이 아니라면서 "모든 직원이 창의적인 아이디어를 지속해서 제안하고 과감히 실천할 수 있는 제도와 시스템이 갖춰져야 하며 이것이 조직 문화로 자리 잡을 필요가 있다"라고 말했다.

나 역시 기업의 내부 역량을 키우려면 무엇보다 기업문화의 체질 개선이 꼭 필요하다고 생각한다. 이와 관련해 내가 경험한 흥미로운 사례가 바로 CJ의 린 프로젝트Lean Project다.

매장 직원들이 기발한 아이디어를 낼 수 있었던 이유

|

맥킨지에서 컨설턴트로 일한 지 3년째가 되자 아무리 좋은 비즈니스 전략도 실행하는 주체에 따라 그 결과가 천차만별이라는 사실을 깨닫게 됐다. 그러자 실제 비즈니스 현장에서 내 손으로 직접 전략을 세우고 실행까지 해 보고 싶다는 욕심이 생겼다. 맥킨지를 떠나 CJ로 자리를 옮길 결심을 한 이유다.

CJ 입사 1년 후부터 계열사 매니징 업무를 맡게 되면서 다양한 기획을 했는데, 가장 기억에 남는 것이 빕스 레스토랑과 CGV 상영관에서 운영한 린 프로젝트다. 린 프로젝트를 이해하려면 먼저 도요타의 TPSToyota Production System에 대해 알아볼 필요가 있다. 1935년부터 자동차 생산을 시작한 도요타는 제2차 세계대전 이후로 극심한 재정 위기를 겪게 된다. 이에 도요타가 당시 포드의 대량생산 시스템과 경쟁하기 위해 만든 다품종 소량 생산 시스템이 바로 TPS다. 재고를 최소화하고자 수요에 따라 필요한 부품을 조달받는 JIT Just In Time 시스템, 주문 상황에 따라 서로 다른 차량도 하나의 컨베이어 벨트 위에서 생산하는 혼류생산 방식을 가리킨다. TPS를 도입함으로써 도요타는 부품 사용이나 재고 관리에서 단 1%의 낭비도 허용하지 않고, 완성 차량을 만들어 내기까지 걸리는 리드 타임 lead time 을 획기적으로 줄이는 동시에 제품의 다양성까지 꾀할 수 있었다.

이후로 TPS는 낭비를 줄이고 생산성을 높이는 운영 시스템으로 다양한 산업 분야에 응용되고 도입됐다. 린 프로젝트는 TPS를 서비스 공정에 응용한 것으로, 국내에서는 CJ가 맥킨지와 손잡고 빕스 레스토랑과 CGV 영화관을 운영하는 데 최초로 도입했다.

한 빕스 매장에서 한 달간 린 프로젝트를 운영하던 때의 일이다. 매장 직원들에게 비용 절감, 매출 증대라는 린 프로젝트의 취지를 설명한 뒤에 코어팀에서도 아이디어를 제안할 테지만, 직원분들도 자유로이 의견을 내달라고 요청했다. 며칠간 업무 시간 전후로 모여 아이디어 회의를 한 결과 좋은 제안이 나왔다. 샐러드바의 얼음을 모조 얼음으로 바꾸면 어떻겠냐는 것이었다. 빕스의 모든 매장에서는 샐러드 재료를 신선하게 유지하기 위해 매일 아침 샐러드바에 많은 양의 얼음을 채우는데, 얼음 구입비는 물론이고 얼음이 녹으면서 발생하는 하수도 사용료도 만만치가 않았다. 그런데 한 직원이 이 얼음을 모조 얼음으로 바꾸고,

냉기는 아이스팩으로 유지하자는 아이디어를 낸 것이다. 시험 삼아 며칠 모조 얼음을 사용해 봤다. 우려와 달리 고객 불만은 겨우 한두 건에 불과했다. 이를 전국 80개 빕스 매장에서 시행하니 엄청난 비용 절감 효과를 볼 수 있었다.

또 다른 매장에서도 매출 확대를 위한 좋은 아이디어가 나왔다. 빕스 레스토랑의 실질적인 매출은 스테이크 판매에서 나오기 때문에 손님들이 샐러드뿐 아니라 스테이크를 추가로 주문하게 하는 것이 매우 중요하다. 이러한 업세일링을 유독 잘하는 직원이 있어 노하우를 물었더니 커플 중 여성을 공략하는 것이 비결이라고 했다. 레스토랑에서 의사 결정을 하는 쪽은 주로 여성이므로 스테이크와 관련한 프로모션을 설명하거나 메뉴를 추천할 때는 남성이 아니라 여성에게 어필해야 한다는 것이다. 우리는 매출 증대에 영향을 주는 이런 작은 노하우들을 매뉴얼로 만들어 보기로 했다. 어떤 멘트를 어떤 시점에 어떤 방식으로 전달하고, 어떤 서비스를 제공할지에 관한 체계적인 매뉴얼을 만들어 전 직원이 이를 일주일 동안 실천했다. 또 동기부여를 위해 각 직원의 스테이크 판매량을 기록한 차트를 주방으로 가는 길목에 붙여 두기로 했다. 일주일 뒤 비교해 보았더니 스테이크 판매량과 매출이 이전에 비해 현격히 늘었음을 확인할 수 있었다.

동기부여와 관련해 이름표 색상을 바꾸자는 아이디어도 나왔다. 팀장이 되면 이름표 색상을 빨간색으로 바꾸자는 것이었다. 이게 뭐 대단한 혜택인가 싶지만, 알고 보면 그렇지 않다. 미국에 밀리언달러 클럽Million Dollar Club이라는 것이 있다. 보험이나 부동산 업계에서 가장 높은 실적을 올린 판매원들에게 수여되는 영예인데, 그들에게 주어지는 보상 하나가 CEO 차량 옆자리에 주차하는 권한이다. 미국의 마트나 회사의 주차장은 대부분 너무나 광활해서 사무실 출입구에서 멀리 떨어진 자리에 주차하면 매우 번거로워진다. 이때 CEO 차량 옆자리에 주차하는 권한을 준다는 것은 주차 편의를 제공한다는 뜻이자 CEO와 비슷한 대우를 해 준다는 의미이기도 하다. 밀리언달러 클럽 회원들이 별것 아닌 듯 보이는 이 혜택을 매우 자랑스러워하는 이유다. 팀장의 이름표 색상을 달리하는 일도 마찬가지다. 언뜻 보면 대단한 일도 아니고 비용도 적게 들지만, 자부심과 자존감을 채워 준다는 점에서 당사자에게는 매우 의미 있는 보상이다.

영화 상영 중에는 CGV 매점 직원들이 자리를 비우고 쉴 수 있게 하자는 아이디어도 당시 린 프로젝트에서 나온 것이다. 영화 상영 중에는 매점을 찾는 손님이 거의 없으니 그때를 직원들 휴식 시간으로 삼으면 효율적일 거라는 아이디어였다. 듣고 보니 과연 영화 상영 중 손님이 올 드문 경우를 대비해 직원이 텅 빈 매점을 지킬 필요는 없을 것 같았다. 행여 직원 서비스가 필요한 손님이 있다면 호출 벨을 누르게 하면 될 일이다. 이런 생각은 실제로 매장에서 일하는 직원이 아니면 떠올리기 쉽지 않다. 이 아이디어는 현재까지 모든 CGV 상영관에서 시행 중이다.

놀라운 건 이런 훌륭한 아이디어들이 모두 매장 직원들에게서 나왔다는 사실이다. 아이디어를 취합하고 테스트하며 수정하고 다시 실행하여 성과를 거두는 이 모든 과정을 린 프로젝트 코어팀뿐 아니라 매장의 전 직원이 함께했다. 4주간의 프로젝트 기간이 끝날 무렵에는 CJ푸드빌 대표이사가 직접 매장을 찾아 좋은 아이디어를 제안한 직원을 포상하고 격려했다. 이와 함께 그간 우리가 낸 아이디어가 비용 절감과 매출 증대에 얼마나 효과를 발휘했는지 구체적으로 공유했는데, 이런 결과를 발표할 때면 늘 마치 자기 사업이 성공한 듯 모두가 기뻐하고 감격스러워했다. 업무 시작 전에 각자 아이디어를 나누고, 업무를 마치면 그날 테스트한 아이디어를 수정하는 고되고 빡빡한 한 달이었지만, 윗선이 지시한 지침을 마지못해 따르는 게 아니라 내가 구상한 아이디어를 모두가 함께 실행하고 그로 인한 변화를 내 눈으로 직접 확인할 수 있었다는 점에서 다들 보람과 성취감을 느낀 것이다.

창의적 아이디어가 나오는
조직은 무엇이 다를까

|

당시 CJ에서 시행한 린 프로젝트로 전국의 빕스 레스토랑에서 연간 70억 이상, CGV 상영관에서는 80억 이상의 비용을 절감할 수 있었다. 그러나 비용 절감이나 매출 증대 등 단기적인 운영 효율이 린 프로젝트의 진정한 성과는 아니다. 그보다는 직원들이 운영 개선을 위해 주체적이고 적극적으로 지속해서 노력을 기울이는 문화가 시도됐다는 점이 훨씬 중요하고 의미가 있다. 아니, 엄밀히 말하면 애당초 직원들 스스로가 이런 문화를 만들지 못하면 린 프로젝트는 성공을 거두기가 어렵다. 컨설팅 한번 받는다고 달라지는 기업은 없다. 컨설팅이 효과를 발휘하려면 그로 인한 변화를 조직 구성원이 스스로 내면화, 습관화하여 근본적으로는 기업의 문화와 체질이 바뀌어야 한다. 듣기로는 당시 코어팀이 프로젝트를 마치고 매장에서 철수한 뒤에도 매장 직원들끼리 계속해서 아이디어를 공유하고 일하는 방식을 개선해 나갔다고 한다. 한 달간의 프로젝트 체험이 직원들의 마인드셋과 일하는 습관을 완전히 바꿔 놓은 것이다.

린 프로젝트에 참여했던 직원들의 아이디어는 경험을 통한 thick data에 기반한 것들이었다. 가령 샐러드바에 얼음 대신 아이스팩과 모조 얼음을 채우자는 아이디어는 THICK 프레임워크의 Tolerance와 Context를 고려한 결과다. 즉 초심자의 눈으로 원점에서 다시 생각하고 맥락을 이해함으로써, 소비자 입장에서는 얼음 자체가 아니라 시각적인 청량함과 냉기 유지가 더 중요하리라는 가설을 만들어 낸 것이다. 만일 전 직원이 창의적인 아이디어를 내도록 독려하는 기업문화가 없다면 매장 직원이 이러한 thick data를 만들어 내기도 어려울뿐더러 이를 실행에 옮겨 테스트하거나 서비스 개선에 실제로 활용하긴 거의 불가능할 것이다. 따라서 thick data로 통찰력 있는 가설을 만들고, 이를 big data로 검증하고, 실제 의사 결정이 가능한 smart data에 이르기 위해서는 전 직원이 운영 개선에 주체적이고 적극적으로 참여하는 기업문화가 선행돼야 한다.

그렇다면 이러한 기업문화는 어떻게 만들 수 있을까. 일 잘하는 직원에게 적절한 인센티브를 주는 것만으로는 동기부여를 할 수 없다. 목표 달성을 위해 직원들을 압박하는 것도 단기적으로는 잠깐 성과를 낼지 몰라도 장기적으로는 효과적이지 않다. CJ의 린 프로젝트가 성공할 수 있었던 건 보텀업 방식으로 아이디어를 수용하고, 이를 실행하는 과정에서 직원들에게 자율권을 부여함으로써 자신이 하는 일의 의미를 깨닫고 오너십을 발휘할 기회를 줬기 때문이다. 직원들에게 자율권을 준다는 것은 개인이 마음대로 하도록 방관한다는 의미가 아니다. 코어팀은 직원들 스스로가 서로를 북돋고 지원할 수 있도록 팀워크를 다지는 데 주력했다. 실제로 당시 린 프로젝트에 참여했던 직원들은 일종의 '소규모 기업'처럼 움직였다. 아이디어를 내고 테스트하며 개선하고 매뉴얼로 만드는 모든 과정이 외부 개입 없이 내부에서 이뤄졌다. 직원들 스스로 비용 절감, 매출 증대라는 명확한 목표 의식을 공유했고, 이를 위해 가장 효율적인 의사 결정을 했다.

직원들이 발견한 개선점을 훌륭한 성과로 인정하고, 구체적이고 즉각적인 피드백을 준 것도 유효했다. 이런 방식으로 자신이 회사에 기여한 정도를 확인한 직원들은 하나같이 감격스러워했다. 같은 일을 해도 누군가는 회사에 이용당했다고 하고, 또 누군가는 자신이 회사에 기여했다고 한다. 이 차이는 왜 생길까. 자신이 소진됐다고 느끼면 이용이고, 성장했다고 느끼면 기여다. 되돌아보면 린 프로젝트 당시 직원들의 업무량이 적지 않았는데도 다들 자신이 기여한 부분에 대해 뿌듯해 하고 감격하는 것은 프로젝트를 통해 자신도 성장했다고 느꼈기 때문이었다.

창의성을 도출하는 내부 역량이 중요하다는 것은 새삼스러운 사실이 아니다. 그런데 이러한 내부 역량이 왜 중요한가를 제대로 이해하는 기업은 많지 않다. 그저 좋은 아이디어를 얻기 위해서라고만 생각하는 경우도 많다. 그러나 앞서 밝혔듯 좋은 아이디어보다 이를 실행하는 것이 훨씬 어렵고 중요한 일이다. 우리가 기업문화에 주목해야 하는 것은 thick data를 더 잘 모으고, 이를 빠르게 실행해 피드백을 얻고, 그 결과를 상품 및 서비스의 개발과 개선에 활용하기 위해서다. 직원들이 정보를 공유하고 더 나은 아이디어를 도출할 수 있는 프로세스와 환경을 조성해 줄 때 비로소 일하는 방식이 바뀌고 문화가 달라지면서 thick data를 활용해 기업의 고질적인 문제를 스스로 해결하는 창의적이고 유연한 집단이 될 수 있다.

06

다양성을 받아들여야
미래가 나의 것이 된다

돌아보면 새삼 내 이력이 참 다채롭다는 생각이 든다. 인류학 박사 학위를 받고는 컨설팅 회사에 취업했고, 이어 대기업과 테크 기업에서 일했다. 이후로는 게임도 잘 모르면서 게임 회사 대표가 됐고, 담배도 피우지 않으면서 담배 회사 대표를 지냈다. 어떻게 이런 다양한 이력이 가능하냐는 질문을 많이 받는다. 한 우물만 파는 게 미덕인 우리 사회에서는 당연한 의문일 수 있다. 그렇다면 질문을 이렇게 바꿔 보자.

"그 기업들은 왜 나를 선택했을까?"

컨설팅 회사에 취업하기로 했을 때, 내가 고려한 회사는 맥킨지와 BCGBoston Consulting Group, 두 곳이었다. BCG가 아닌 맥킨지에서 일하게 된 이유는 간단하다. BCG는 최종 면접에서 MBA 출신이 아니라는 이유로 나를 선택하지 않았다. 반면 맥킨지는

MBA 출신보다 박사 학위 소지자를 선호하는 경향이 있다. 기업 컨설팅이란 결국 기업의 비즈니스 이슈를 고민해 해결하는 일이므로 한 분야에서 하나의 문제에 깊이 천착해 탐구하는 훈련을 한 사람이면 비즈니스 현장 경험이 없어도 컨설턴트로서 유능하리라 보는 것이다. 박사 과정을 경험한 사람은 MBA 출신보다 비즈니스 현장에 적응하는 데 시간은 더 걸리겠지만, 일단 감을 익힌 후로는 기하급수적으로 발전할 테니 그때까지 회사가 기꺼이 기다려 주겠다는 입장이다.

나도 맥킨지 입사 당시에는 컨설팅이나 비즈니스에 문외한이었다. 엑셀조차 다뤄 본 적이 없어 처음엔 진땀깨나 흘려야 했다. 하지만 컨설팅 일에 익숙해질수록 맥킨지에서 MBA 출신 대신 인류학 박사인 나를 채용한 이유를 분명히 깨달을 수 있었다. 기업에서 고민하는 비즈니스 이슈가 정말로 의미 있는지 검증하고, 문제를 재정의하며, 해결 방안을 찾아가는 컨설팅 과정이 논문을 쓰는 일과 크게 다르지 않다고 느꼈다.

맥킨지에 이어 두 번째로 일한 CJ에서도 나를 채용할 때 MBA 출신인지 아닌지를 따지지 않았다. 최종 면접에서 그간 익힌 컨설팅 업무 역량으로 CJ가 문화 산업 분야에서 어떻게 자리매김해야 할지 전략을 세워 보고한 점이 유효했던 것 같다.

블리자드 이력은 나의 첫 대표직이었다는 점에서 의미가 크다. 지인이 내게 블리자드코리아 대표직에 도전해 보길 권했을 때만 해도 나는 블리자드가 뭐 하는 회사인지도 몰랐다. '스타크래프트'라는 단어를 듣고서야 블리자드가 게임 회사라는 사실을 알아차릴 만큼 '겜알못'이었다. 그런 내가 어떻게 블리자드코리아 대표가 될 수 있었을까. 듣기로는 면접 인터뷰에서 내가 던진 마지막 질문의 영향이 컸다고 한다.

"미국에 본사를 둔 회사가 한국이라는 전혀 다른 문화권의 국가에 250여 명의 직원을 두고 관리하기가 쉽진 않을 것 같다. 문화 차이로 인해 조직 관리가 어렵진 않은가?"

인류학자로서는 당연한 의문이었는데, 당시 블리자드가 마침 이 문제로 고민하고 있었다고 한다. 게임 업계에 몸담고 있던 수많은 사람을 인터뷰했지만, 이 문제를 언급한 사람은 나 이외엔 없었다고 들었다. 블리자드 경영진은 게임 관련 이력보다 조직의 핵심 이슈를 꿰뚫어 보는 통찰력이 더 중요하다고 판단했고, 이런 이유로 내가 게임 업계 출신이 아니어도 게임 산업 전반을 이해하고 조직을 이끄는 데는 큰 무리가 없다고 봤다.

이후 4년간 블리자드 대표로 일하다 구글 글로벌 디렉터로 자리를 옮겼다. 내가 지원하기 전까지 그 자리는 무려 2년 가까이 공석이었다. 구글의 핵심적인 글로벌 광고주를 관리하는 역할이었지만, 구글에서는 디지털 마케팅에만 정통한 사람을 원하지 않았다. '핵심 글로벌 광고주' 목록에 우리나라 대기업이 포함돼 있었기 때문에 한국 문화, 특히 한국의 대기업 문화를 잘 이해하고 원활하게 소통할 수 있으면서 구글 내의 수평적인 문화에 빨리 적응할 수 있는 사람이 필요했다. 그런 의미에서 구글 경영진은 디지털 마케팅에 능숙하고, CJ에서는 대기업문화를, 블리자드에서는 수평적 조직 문화를 경험한 바 있는 내가 그 자리에 적격이라고 판단했다. 테크 기업 출신이 아니라거나 세일즈 관련 이력이 없다는 점은 큰 문제라고 보지 않았다.

필립모리스 경영진 역시 마찬가지였다. 내가 담배 산업 출신이 아니라는 점이 그들에게는 결격 사유가 아니었다. 필립모리스는 내가 대표가 되기 3~4년 전부터 이미 P&G나 아마존, 맥도날드 등 전혀 다른 산업 분야에서 꾸준히 인재를 영입해 왔다. 담배 산업에 정통한 전문가가 아니라 다른 분야의 이력을 바탕으로 새로운 아이디어를 수혈할 사람이 필요했기 때문이다.

이제 처음 질문으로 돌아가 보자. 이 기업들은 왜 나를 선택했을까? 해당 분야 전문가도 아니고, MBA 출신도 아닌 나와 같은 사람이 기업 의사 결정의 다양성을 보장해 주기 때문이다. 전문가보다 비전문가가 더 필요하다는 이야기가 아니다. 나는 새로운 자리에 앉기 전까지는 늘 그 분야의 문외한이자 비전문가였지만, 인류학자로서 인류학적 시각이라는 정교한 렌즈로 비즈니스 이슈를 바라보고 재정의하는 훈련이 돼 있는 사람이었다. 한 분야에 단단하게 자기 뿌리를 내린 사람은 다른 분야에까지 뿌리를 뻗어 살아남을 수 있을 뿐 아니라 그 분야의 생태계에 새로운 변화를 일으킬 수 있다.

세계 일류 기업들이 최근 들어 전혀 새로운 분야에서 인재를 영입하고 있는 이유가 여기에 있다. 과거의 정답이 더는 오늘의 해법이 될 수 없는 시대, 기업들은 변화무쌍한 환경을 이해하는 데 총력을 기울이고 있다. 복잡해져만 가는 비즈니스 이슈에 대응하고, 새로운 아이디어로 혁신과 진화를 이뤄 내려면 다양한 구성원이 공존하는 기업 생태계를 유지할 수 있어야 한다는 사실을 이제 깨달은 것이다.

기업이 찾아야 하는 인재는
전문가가 아니라 주변인이다

|

서울대학교 인류학과를 졸업하고 예일대학교에 진학한 내게 가장 흥미로웠던 점은 인류학 박사 과정 학생 대부분이 학부 때 인류학을 전공하지 않았다는 사실이었다. 나를 포함한 한국인 두 명만 대학에서 인류학을 공부했고, 나머지는 문학, 정치학, 경제학 등 다른 학문을 전공한 이들이었다. 인류학 박사를 하려면 당연히 학부부터 인류학을 공부해야 하는 게 아닐까, 인

류학의 기본도 모르면서 어떻게 박사 과정을 하겠다는 걸까, 그들의 선택이 의아하기만 했다. 나는 그들보다 4년이나 앞서 인류학을 공부했으니 실력에서 밀리진 않겠다는 자신감과 안도감도 들었다.

이런 내 생각이 얼마나 짧았는지 깨닫는 데는 오랜 시간이 걸리지 않았다. 당시 내가 제출한 리포트에 교수님이 달아주신 코멘트가 아직도 생생하게 기억난다. "Great summary! What's your opinion?" 핵심 정리는 잘했지만 내 의견이 없다는 것이었다. 이 두 줄짜리 코멘트는 내게 크나큰 충격이었지만 동시에 상쾌한 해법이기도 했다. 당시의 나는 토론식 수업에 제대로 적응하지 못해 애를 먹고 있었다. 영어 구사력이 부족해서도 아닌데 왜 내게는 토론이 이토록 힘든지 수없이 고민했다. 처음에는 초중고부터 대학에 이르기까지 주입식 학습만 해 온 터라 토론 기술이 부족해서일 거라고만 생각했다. 그런데 내 리포트에 달린 교수님의 코멘트를 보고는 내가 근본적이고 간단한 사실을 놓치고 있었음을 깨달았다. 나의 가장 큰 문제는 '나의 의견'이 없다는 것이었다. 그렇다면 내가 나만의 견해와 의견을 갖지 못한 이유는 무엇일까. 인류학에 제대로 몰입하지 못해서가 아니라 오히려 그 반대였다.

내가 나만의 의견이 아닌 저명한 인류학자들의 이론을 줄줄 읊고 있을 때, 다른 학생들은 인류학 관련 이슈를 각자 자신이 전공한 분야와 연결해 더 풍부하고 다양하게 해석하고 창의적인 의견을 내놓았다. 내가 학부 4년간 공부했던 인류학의 테두리에서 단 한 발자국도 벗어나지 못하는 동안, 그들은 철학, 의학, 문학, 경제학 등의 다양한 시각에서 때로는 합리적인 의문을 제기하고, 때로는 기발한 발상의 전환을 보여 줬다. 이러니 같은 책을 읽어도 통찰의 폭과 깊이가 확연히 다를 수밖에 없었다.

인류학자들은 자신을 '주변인marginal man'으로 규정한다. 낯선 집단을 연구하는 인류학자는 처음에는 외부인의 시선으로 그 구성원들을 바라보지만, 연구가 진행되면 그들에게 깊이 공감함으로써 내부인의 시선 또한 지니게 된다. 반대로 이미 친숙해진 문화를 연구할 때 외부인의 시선을 견지하려 노력함으로써 내부인의 눈에는 보이지 않는 수많은 잠재 요소들을 발견한다. 이처럼 인류학자는 외부인이자 내부인이며, 아무 데도 속하지 않지만 어디에나 속하는 주변인으로서 주관성과 객관성 모두를 담보하게 된다. 그런 의미에서 의학, 문학, 경영학 등을 전공한 후 인류학에 관심이 생겨 인류학 박사 과정에 도전한 그 학생들은 진정한 주변인이자 인류학자라 할 만했다.

다양성에 주목하게 된 오늘날의 기업들이 애타게 찾아야 하는 인재도 결국은 주변인이다. 우리는 흔히 한 조직에 깊이 연루한 '완벽한 내부인'만이 그 조직의 문제를 가장 잘 해결할 거라 믿는다. 그러나 문화인류학자 에드워드 홀Edward T. Hall은 "문화는 드러내는 것보다 감추는 것이 훨씬 많으며 묘하게도 그 문화에 속한 사람들이 감춰진 바를 가장 모른다"라고 했다. 이 말처럼 특정 산업 분야에 완전히 적응한 내부인은 조직의 문제를 파악하거나 새로운 발상을 하기가 오히려 더 어려운 면이 있다. 그렇다고 그 분야와 동떨어진 외부인이 더 유리한 것도 아니다. 외부인은 내부의 사정이나 정보를 알지 못하므로 실효성과 실현 가능성이 떨어지는 아이디어를 내기 십상이다. 그러나 외부인이 그 분야에 뛰어들어 내부인의 시선을 이해하고 주변인의 정체성을 갖게 되면 조직이 당면한 이슈를 새로이 파악하고 해결하는 창의성을 발휘할 수 있게 된다.

누구나 동의하겠지만 창의성이 무에서 유를 창조하는 능력을 가리키는 시대는 이미 지났다. 스티브 잡스는 창의성을 연결 connecting things로 정의했다. 이미 존재하는 무인가를 서로 연결하고 재배치하며 편집하는 능력이 창의성이라는 말이다. 그렇다면 누가 이런 일을 할 수 있을까. 이미 존재하는 무언가를 당연하게 여기지 않는 사람, 이쪽과 저쪽의 경계에서 선입견 없이 둘 사이를 오가며 연결 지을 수 있는 사람, 바로 주변인이다.

경계를 넘나드는 주변인이
미래를 선도한다

|

앞서도 언급했지만, 블리자드에는 마케팅팀과 별개로 골수팬 인플루언서들을 따로 관리하는 커뮤니티팀이라는 부서가 있다. 브랜드 팬덤은 단순한 경제적 보상으로 형성되지 않는다. 이 사실을 잘 아는 블리자드는 골수팬들과 긴밀하게 접촉하며 차별화한 서비스를 제공함으로써 팬덤을 공고히 유지하고 있는데, 바로 이런 일을 하는 부서가 커뮤니티팀이다.

여기에서 힌트를 얻어 한국필립모리스에서 최근 시도한 것이 아이코스 클럽 회원들을 대상으로 한 액티비티 커뮤니티 이벤트다. 광화문과 가로수길에 위치한 아이코스 매장에 모여 카타르 월드컵 경기를 관람하면서 간단한 음료와 함께 자유로이 아이코스를 즐기는 이벤트였는데, 참여 회원들의 만족도가 매우 높았다. 첫 시도에서 좋은 결과가 나온 만큼 향후에도 아이코스 클럽 회원들을 대상으로 크고 작은 커뮤니티 이벤트를 열어 다양한 고객 경험을 선사할 예정이다.

만일 내가 담배 산업에만 종사했던 사람이라면 담배 산업에선 유례가 없는, 산업 간 경계를 허무는 이런 이벤트를 쉽사리 시도하긴 어려웠을 것이다. 담배 산업은 규제가 심해 마케팅에도 많은 제약이 있다. 만일 필립모리스가 정통 담배 산업에만 머

문다면 지난 30년간 해 왔던 마케팅 방법을 고수하는 전략도 나쁘지 않았을 것이다. 그러나 전자담배 시장이 빠른 속도로 성장하고 담배 산업 규제가 나날이 변화하는 시점에서 '늘 하던 대로 하자'라는 전략은 발전은커녕 현상 유지도 하지 못할 악수惡手다. 필립모리스가 오래전부터 다른 분야에서 일해 온 나와 같은 주변인들을 꾸준히 등용해 온 이유가 바로 여기에 있을 것이다.

자율주행차가 상용화된 세상을 상상해 보자. 운전에서 해방된 사람들은 자동차 안에서 게임이나 영상 콘텐츠를 즐기거나 업무를 보게 될 것이다. 이런 시대에 자동차는 단순한 이동 수단이 아니다. 풍부하고 다양한 엔터테인먼트 콘텐츠와 정교한 음성 인식 인공지능, 고성능 인터랙티브 디스플레이를 갖춘, 움직이는 사무실이자 제2의 집이 될 것이다. 자동차 산업을 정통 제조업으로 분류해선 안 되는 이유다.

나이키는 "우리는 아디다스가 아닌 닌텐도, 넷플릭스와 싸운다"라고 말한다. 스포츠용품 시장이 아니라 소비자 시간을 점유하는 것이 기업 성장의 관건이라는 뜻이다. 이런 위기감에서 나이키는 신발 밑창에 온라인 센서를 달거나 운동 이력을 관리해 주는 스마트워치를 개발하는 등 전방위적으로 다양한 시도를 계속하고 있다.

국내 백화점들은 영상 제작사들을 인수하거나 자체 설립하고 있다. 유통 업계의 미디어 커머스 경쟁이 치열해지고 있음을 고려하면 자연스러운 행보다. 드라마 PPL로는 홍보 효과에 한계가 있으니 아예 브랜드 스토리를 주제로 드라마를 제작할 계획도 있다고 한다.

자동차 회사와 나이키가 더는 제조업으로 분류되길 거부하고, 백화점은 유통업을 넘어 엔터테인먼트 분야로 진출하려는 이때, 혁신의 성패는 기업 내에 얼마나 다양한 문화가 존재하느냐에 달렸다. 그간 기업들은 여성이나 유색 인종 구성원의 비율만을 다양성의 기준으로 여겼다. 젠더 및 인종 다양성도 물론 중요하지만, 다양성의 지향이 구색 맞추기 이상이 되려면 그 목적부터 다시 되돌아봐야 한다. 기업이 왜 문화 다양성을 중시해야 할까. 그래야 살아남을 수 있기 때문이다. 다양성은 정치적으로 올바른 기업이라는 이미지 메이킹에 필요한 것이 아니라, 창의적인 의사 결정을 끌어내고 혁신을 가능하게 한다는 실질적인 이유로 중요하다.

미국의 카네기멜런대학교 경제학과 리처드 플로리다Richard Florida 교수는 저서 《도시와 창조 계급Cities and the Creative Class》에서 일명 '게이 지수'를 통해 다양성을 인정하는 관용이 도시 발전과 어떤 상관관계가 있는지를 설명한다. '게이 지수'란 전체 인구 대비 지역 내 게이 집중도를 말한다. 연구 결과 게이 지수가 가장 높은 다섯 개 대도시(샌프란시코, 워싱턴 DC, 오스틴, 애틀랜타, 샌디에이고)는 최첨단 산업 상위 15개 대도시에 포함돼 있었다. 반면 게이 지수가 낮은 버펄로나 라스베이거스 등은 최첨단 산업 하위 15개 도시에 속했다. 게이 외에 이민자, 보헤미안 수를 기준으로 다양성 지수를 추출해도 같은 결과가 나왔다. 이런 결과에 대해 리처드 교수는 다양성을 수용하는 태도가 지역 성장으로 전환된다는 증거라고 설명한다.

기업의 다양성도 마찬가지다. 다양성을 수용하는 기업이 thick data로 도출된 창의적인 통찰도 훨씬 더 잘 받아들이고, 이것이 결과적으로 상품과 서비스의 개선으로 이어진다. 반면 획일적 문화를 추구하는 폐쇄적인 기업은 새로운 환경에 적응할 혁신적인 아이디어를 도출하거나 수용하지 못해 결국 도태된다. 끊임없는 호기심과 열정으로 경계선 밖을 기웃대고, 경계선 안과 밖을 연결해 새로운 가치를 만들 수 있는 기업과 개인만이 미래를 바꿀 기회를 얻게 될 것이다.

07

챗GPT 시대에도 우리는
여전히 원시인이다

21세기 기회의 땅, 디지털 신대륙으로 불리던 메타버스의 열기가 점차 가라앉는 분위기다. '페이스북'이라는 사명을 버리면서까지 호기롭게 메타버스 사업에 뛰어든 메타가 2022년 메타버스 사업과 관련해 17조 원이 넘는 손실을 봤다는 뉴스도 들려온다. 메타버스를 향해 앞다퉈 달리던 다른 빅테크들도 관련 사업을 축소하거나 중단하고 있다.

전문가들은 메타버스 열풍이 허무하게 잦아든 이유에 대해 메타버스가 '사이버 공간', '디지털 세상' 등의 단어와 의미상 별 차이가 없을 정도로 그 정의가 모호하다는 점, 하드웨어의 성능이 기대 이하에 고가라는 점, 매력적인 소프트웨어나 콘텐츠가 적다는 점 등을 꼽는다. 한편으론 메타버스가 아직 시작 단계이고, 하드웨어 및 소프트웨어의 발전이 지속해서 이루어질 테니

속단은 이르다는 의견도 있다.

내 생각은 이들 모두와 조금 다르다. VR 기술이 덜 발달했다는 이유로, 즉 메타버스 안에서의 경험이 기대만큼 생생하지 않다는 이유로 메타버스 산업이 고전하는 것 같진 않다. 가상현실 게임, 세컨드 라이프Second Life를 3년간 연구한 디지털 인류학자 톰 보엘스토프Tom Boellstorff는 감각적 몰입sensory immersion과 사회적 몰입social immersion은 엄연히 다르다고 말한다. VR 기술이 메타버스 안에서의 감각적인 몰입도를 올릴 순 있겠지만, 이는 사회적 몰입과는 별개라는 것이다. 이 말에 따르면 메타버스에서 중요한 것은 가상현실을 얼마나 실제 현실과 흡사하게 구현해내는지가 아니다. 최첨단 VR 기술로 가상현실이 실제와 혼동할 만큼 정교하게 발달한대도 그 안에서 사람들이 사회적 몰입을 경험하지 못하면 결국은 실패할 수밖에 없다.

만일 감각적 몰입도만이 중요하다면 마인크래프트minecraft와 같은 게임은 결코 성공하지 못했을 것이다. 마인크래프트는 네모난 블록으로 자신만의 세상을 자유로이 만들고, 그 안에서 사냥, 농사, 채집, 탐험 등 다양한 체험을 할 수 있는 게임인데, '디지털 레고'라는 별명에서 드러나듯 그래픽이 현실적이거나 정교하지는 않다. 그런데도 이 게임은 2020년 기준 약 1억 2,000만 명의 유저가 플레이한 세계적인 메가 히트작이 됐다. 단순한 그래픽이 상상력을 자극하고, 유저에게 높은 자유도를 주는 등 장점이 많지만, 가장 주목할 점은 유저들끼리 서로 소통하고 조력하면서 사회적 몰입감을 경험할 수 있게 했다는 측면이다. 즉 가상현실을 구현하는 기술이 아니라 '사회적 인간'이라는 우리의 본성에 집중한 점이 성공 요인이라는 것이다.

얼마 전 하이네켄Heineken이 세계 최초로 메타버스에서 '버추얼 맥주'를 출시해 화제가 됐다. 이 맥주는 메타버스 플랫폼 디센트럴랜드Dentocentand의 가상 양조장에서 '상당한 양의 픽셀과 코딩, 프로그래머들의 노력'으로 만들어졌는데, 그 맛이 어떤지는 당연히 아무도 모른다. 하이네켄 경영진은 이 신제품 출시가 아이러니한 장난이라고 밝히면서 인간에게는 공기와 물뿐 아니라 타인과의 소통이 필수 요소이며 그런 의미에서 메타버스는 새로운 맥주 맛을 느끼기에 최적의 장소는 아니라고 덧붙였다. 맥주를 마신다는 행위에는 누군가와 웃고 대화하고 교류한다는 의미가 포함돼 있음을 버추얼 맥주를 통해 역설적으로 강조한 셈이다.

만일 VR 기술의 발달로 메타버스 안에서도 맥주의 향과 맛을 고스란히 느낄 수 있는 시대가 온다면 어떨까. 그래도 하이네켄의 통찰은 유효할 것이다. 그 시대에도 여전히 인간은 물리적 세계에서 대면하여 서로의 존재를 느끼며 상호작용하길 갈망하는 사회적 동물일 것이기 때문이다.

재택근무에는
'우연한 충돌'이 없다

사회적 동물이라는 인간의 본성은 일하는 방식에도 영향을 미친다. 팬데믹 때 재택근무를 도입했던 많은 기업이 이제 직원들을 다시 사무실로 불러들이고 있다. 테슬라는 주 40시간 이상 출근하지 않으려면 차라리 퇴직하라고 엄포를 놓았고, 모건스탠리역시 식당엔 가면서 회사엔 왜 못 나오냐며 사무실로 돌아오라고 촉구했다. 팬데믹이 끝나도 직원 10% 정도는 재택근무를 허용하겠다던 JP모건에서도 모든 직원을 사무실로 불러들이겠다고 선언했다. 재택근무를 종료하는 이러한 흐름은 월스트리트에서 시작해 빅테크로 퍼졌고, 국내 기업들에도 예외는 아니다.

사무실 복귀 정책이 직원들에겐 달가울 리 없다. 애플의 머신러닝 담당 디렉터, 이안 굿펠로우Ian Goodfellow는 회사의 사무실복귀 정책에 반대해 사표를 제출했다. 미국에서는 팬데믹을 거치며 직장과 일의 가치를 다시금 생각하게 된 사람들이 더 나은근로 환경과 워라밸을 위해 자발적으로 회사를 떠나는 대퇴사the great resignation 현상도 일어나고 있다.

국내 기업들의 분위기는 어떨까. 2023년 1월, big data 콘텐츠 플랫폼 KPR 인사이트 트리에서 이직과 퇴직에 관한 19만 건의 온라인 버즈량을 분석한 결과, 최근 3년간 '이직'과 '퇴사'의 언급량이 두 배 이상 증가했다고 밝혔다. 또 이직이나 퇴사에 영향을 미치는 요소로 근무 환경 및 기업문화의 비중은 최근 2년 새 6% 증가한 반면 연봉의 비중은 2% 감소했다고 한다. 현 직장에 머물지 말지 결정할 때 연봉보다는 근무 환경에 대한 고려가 더 커지고 있다는 것이다. 재택근무가 연봉 1,000만 원 이상의 가치가 있다는 이야기가 주변에서 심심찮게 들려오는 이유다.

직원들의 이런 반발에도 기업들이 재택근무를 종료하고 사무실 복귀를 서두른 이유는 무엇일까. 일을 열심히 하고 있는지 감시하기 위해서가 아니다. 업무 효율과 생산성에 대면 상호작용이 중요하다는 사실을 재택근무를 통해 절감했기 때문이다.

앞서 언급했던 구글의 무료 사원 식당은 직원들의 건강 증진뿐 아니라 '우연한 충돌casual collisions'을 위한 것이기도 하다. 식당에서 우연히 마주친 직원들은 서로 가벼운 대화를 나누며 새로운 아이디어를 공유한다. 스티브 잡스가 지은 픽사 본사 건물에도 이와 유사한 목적을 지닌 공간이 있다. 화장실, 회의실, 카페테리아가 모인 중앙홀이다. 이 중앙홀을 사이에 두고 사무실이 동편과 서편에 나뉘어 있는 구조라서 편의시설을 이용하려면 긴 동선을 따라 중앙홀까지 와야 한다. 번거로움을 무릅쓰고라도 많은 직원을 한 공간에서 만나게 함으로써 '우연한 충돌' 효과가 발생하길 기대한 것이다.

이러한 우연한 충돌과 협업은 재택근무를 통해서는 거의 불가능하다. 재택근무는 새로운 아이디어를 떠올리는 일뿐 아니라 업무상 보안을 유지하거나 신입 및 기존 직원들을 멘토링하고 재교육하는 데도 매우 불리한 조건이다.

팬데믹 기간의 비대면 회의가 비교적 성공적이었다면 그것은 직원들끼리 이전부터 서로를 잘 알고 있었기 때문일 수 있다. 처음 만나거나 갓 입사한 직원과 원격으로 협업하기란 생각보다 쉽지 않다. 팬데믹 이전에도 회의에 비디오콜을 자주 활용하던 구글이 최소 2~3일은 반드시 집중적으로 대면 미팅하길 권장한 이유가 여기에 있다. 프로젝트를 함께 진행하는 팀원들을 비디오 화면에서만 보다가 실제로 만나면 잠시 '인지 조정' 시간을 거쳐야 한다. 이 사람은 예상보다 키가 크구나, 별거 아닌 말에도 잘 웃는구나, 원래 말투가 건조하구나…. 대면 미팅을 통해 상대방에 대한 이런 사소한 정보를 알게 되면 이후의 비대면 회의에서도 감정 단서를 훨씬 잘 포착하게 된다.

아이디오의 공동 CEO 톰 켈리도 비대면 회의를 광범위하게 활용하긴 해도 프로젝트를 시작하거나 팀을 처음 구성할 때는 대면만큼 좋은 대안이 없다고 강조한 바 있다. 첫 주만이라도 모든 팀원이 대면해 함께 저녁을 먹거나 가벼운 대화를 나누면 일종의 우정과 유대감이 형성된다는 것이다. 이는 비대면 화상 회의를 통해서는 결코 얻을 수 없는 경험이다.

'줌 피로zoom-fatigue'라는 신조어가 있다. 화상 회의에서 발생하는 기술 문제나 심리적 불편함으로 인한 스트레스를 가리키는 말이다. 우리 뇌는 대면을 통해 사회화하고 의사소통하도록 진화했다. 우리는 언어 요소뿐 아니라 표정, 시선, 몸짓의 미묘한 변화, 공간을 활용하는 방식 등의 비언어적 요소까지 고려해 총체적으로 상대의 의중을 파악한다. 그러나 비대면 회의로는 이런 모든 요소를 고려하기가 매우 어렵다.

팬데믹으로 시작된 재택근무는 오히려 대면 상호작용과 관계 형성이 우리에게 얼마나 중요한지 깨닫는 계기가 됐다. 이런 이유로 제아무리 효율적인 온라인 협업 도구가 개발된다고 해도 재택근무가 사무실 근무를 완벽하게 대체하긴 어려울 것으로 보인다.

인간 본성에서 찾는 성공 비결

|

인류학자 클로테르 라파이유가 저널리스트 안드레스 로머Andres Roemer와 함께 쓴 《왜 그들이 이기는가Move Up: Why Some Cultures Advance While Others Don't》는 인간 본능이 어떻게 고차원 의사 결정에 영향을 미치는가를 잘 보여 주는 책이다. 라파이유는 페이스북 사용자가 전 세계 10억 명에 달하는 이유는 그것이 파충류의

뇌와 같은 방식으로 작동하기 때문이라고 말한다.

파충류의 뇌란 미국의 신경과학자 폴 매클린Paul Maclean이 제시한 '삼위일체 뇌' 모형의 하나다. 매클린은 우리의 뇌를 안쪽부터 순서대로 파충류의 뇌, 포유류의 뇌, 인간의 뇌 등 세 가지 층으로 분류했다. 가장 안쪽에 있는 파충류의 뇌는 뇌간을 가리키며 호흡이나 심장박동 등 생명 유지와 동물적 충동에 관여한다. 중간층인 포유류의 뇌는 대뇌변연계로 감정적 반응이나 정서와 관련이 있고, 가장 바깥쪽에 있는 인간의 뇌는 대뇌피질로 판단 및 계획 등을 관장하는 가장 고등한 부위다.

이 삼위일체 뇌 모형에 따라 라파이유는 페이스북이 인간의 가장 깊숙한 본능인 파충류의 뇌와 같은 차원이라고 봤다. 페이스북과 같은 SNS 활동은 공동체에서 인정받고 소속감을 느끼며 관계망을 넓히고 짝을 찾는 등의 인간 본성을 충족시키는 일이며 이는 곧 파충류의 뇌가 관장하는 영역이라는 것이다. 그는 문화적 집단 무의식 이면에 파충류의 뇌가 있고, 어떤 문화가 경쟁에서 승리하려면 이러한 파충류의 뇌, 즉 인간 본능의 생물학적 욕망을 최대한 활용해야 한다고 주장한다.

오늘날의 뇌과학자들은 인간의 뇌는 단순하게 분류되지 않으며 하나의 기능에 여러 뇌가 동시에 작용하기도 한다는 점에서 삼위일체 뇌의 모형은 논리적 비약이라고 비판한다. 그러나 페이스북이 결국은 인간 본성을 잘 파악해 성공할 수 있었다는 라파이유의 이론은 여전히 흥미로우며 새로운 서비스나 제품을 개발할 때 무엇에 가장 주목해야 하는지에 관한 깊은 통찰을 제공한다.

한편 호모사피엔스는 수십만 년 동안 작은 부족을 이루며 살았고, 우리 뇌 역시 이에 맞게 진화했으므로 SNS에서 수만 명과 소통하기에는 무리라는 주장도 있다. 인류학자 로빈 던바Robin Dunbar는 인간은 평균 150명 정도와만 안정적인 친분을 유지할 수 있다고 주장하면서 이를 '던바의 수'로 명명했다. 원시시대부터 오늘날 SNS의 시대에 이르기까지 인간은 던바의 수를 기준으로 10%에 해당하는 15명과는 깊은 유대관계를 맺고, 던바의 수의 10배에 해당하는 1,500명과는 안면만 있는 사이가 된다는 것이다.

'찐친들의 메타버스 아지트'를 표방한 SNS 본디Bondee의 인기도 이 이론으로 설명할 수 있다. 불특정 다수와 제한 없이 교류하는 기존 SNS와 달리 본디에서는 50명의 한정된 인원과만 친구를 맺을 수 있다. 개인정보 침해 논란이 일면서 본디의 인기는 '2주 천하'로 시들고 말았지만, 적당한 폐쇄성에서 안정감과 소속감을 느끼는 인간 본성을 SNS에 영리하게 적용한 전략만큼은 시사하는 바가 크다.

진실은 가상공간이 아니라 실제 세계에 있다

|

투자냐 투기냐 입방아에 오르내리며 그 열기가 한풀 꺾였던 NFT가 이제 다양한 산업에 접목되며 새로운 쓰임새를 찾아가고 있다. 기업에서는 브랜드 팬덤을 형성하고자 멤버십 NFT를 발행해 이를 소유한 사람들만 참여할 수 있는 온라인 및 오프라인 커뮤니티를 만들고 있다. 지인 하나는 멤버십 NFT 소유자들만을 위한 예약제 익스클루시브 레스토랑을 만드는 아이디어를 구상 중이라고 한다.

인류학자로서 흥미로운 지점은 NFT가 최첨단 기술 그 자체로서가 아니라 커뮤니티와 연계됐을 때 사람들로부터 더 활발히 수용된다는 것이다. 이는 IT 시대에도 우리가 동질성에서 소속감과 유대감을 느끼고, 타인과의 연결에서 안정감과 행복을 얻는 사회적 동물이라는 사실을 다시금 일깨워 준다.

사회적 연결을 추구하는 우리의 본성은 온라인 게임을 즐기는 방식에서도 여실하게 드러난다. 게임 유저들에게 왜 하필 이 게임을 즐기느냐고 물으면 대개 이런 대답이 돌아온다.

"친구들이 다 하니까."

개인 공간에서 혼자 컴퓨터 앞에 앉은 사람에게도 게임의 핵심은 친구들과 함께 즐기는 데 있다. 많은 게임이 라이브 채팅 기능을 제공하지만, 친구들끼리 굳이 한 공간에 모여 게임을 하는 이유도 이 때문이다. 게임에서 만난, 현실 세계의 접점이 전혀 없는 사이에도 기어코 오프라인 만남을 추진함으로써 사회적 연결고리를 만들려 한다. 그런 의미에서 온라인 게임은 그 자체로 매우 활발한 사회적 활동이라 할 수 있다.

메타버스의 전신으로 불리는 온라인 게임, 세컨드 라이프의 유저들이 자신의 분신인 아바타를 이용해 가상 세계에서 한 일이 무엇이었을까. 집을 짓고, 공동체를 만들어 사교 활동을 하고, 가상 상품과 서비스를 사고파는 일이었다. 가상공간에서도 현실 세계에서와 마찬가지로 사회적 활동을 한 것이다.

내가 보기에 세컨드 라이프가 전 세계 120만 명의 유저를 끌어들였던 이유와 최근 쇠락한 이유는 크게 다르지 않다. 세컨드 라이프가 실패한 원인 분석은 사람들마다 다르지만, 스마트폰의 대중화와 SNS의 확산이 가장 근본적인 이유라는 데는 모두가 공감할 것이다. SNS로 전 세계 누구와도 쉽게 소통할 수 있는 시대가 되자 가상현실 속 아바타 이웃이 더는 필요하지 않게 된 것이다. 세컨드 라이프 유저들이 밀물처럼 몰려든 것도, 썰물처럼 빠져나간 것도 결국 타인과 더 긴밀히 소통하고자 하는 욕망이 원인이었다.

마이크로소프트 선임연구원이자 '청소년 문화와 기술' 전문가 대너 보이드Danah Boyd는《소셜시대 십대는 소통한다It's complicated》

라는 책에서 청소년들에게 휴대전화와 SNS가 어떤 의미인지를 설명한다. 부모 세대가 어릴 때 공원이나 쇼핑몰을 어슬렁거렸듯이 지금의 청소년들은 가상공간을 어슬렁거린다. 부모와 학교가 청소년들의 실제 세계를 통제하고 있으므로 또래와 소통할 유일한 아지트가 가상공간이 된 것이다. 부모들은 청소년이 휴대전화에 빠져 산다고 걱정하지만, 아이들에게 휴대전화와 SNS는 친구들과 연결되고 어울릴, 실제 세계를 보완하는 수단일 뿐이다. 따라서 청소년을 이해하고 싶다면 가상공간이 아니라 현실 세계에 주목해야 한다. 물리적 세계를 들여다봐야 청소년들이 왜 가상 세계에 빠져드는지도 이해할 수 있다.

인류학자 헬렌 피셔Helen Fisher는 '기술이 사랑을 변화시키지 못하는 이유Technology hasn't changed love. Here's why'라는 TED 강연에서 많은 이들이 기술 진보로 사랑의 형태가 바뀔 거라 예상하지만, 사실은 이와 다르다고 말한다. 인간의 구애 방식이 이메일과 문자, 이모티콘, 데이팅 앱, 심지어 생성형 인공지능으로 변화할지라도 인류 발생 초기부터 440만 년간 진화해 온 우리의 뇌는 원시시대부터 늘 하던 대로 반응한다는 것이다. 그러면서 피셔는 진짜 알고리즘은 인간의 뇌라고 강조한다.

대너 보이드와 헬렌 피셔의 연구는 아무리 디지털 세상이 고도화돼도 물리적 세상의 대체물은 될 수 없으며, 서로를 필요로 하고 함께 연결되고자 하는 인간 본성을 무화시킬 수도 없음을 증명한다. 이는 최근 뜨거운 화두로 떠오른 챗GPT에도 해당하는 말이다. 생성형 인공지능이 단 7일 만에 《삶의 목적을 찾는 45가지 방법》과 같은 자기계발서를 써서 인간에게 훈수를 두는 시대가 왔지만, 이 모든 기술 진보로도 원시인의 뇌를 지닌 우리의 본성을 변화시키진 못한다.

기술은 예나 지금이나 우리의 실제 세계와 얼마나 의미 있게 연결되느냐에 따라 성패가 갈릴 것이다. 가상 세계를 구현하는 기술은 끊임없이 진보하겠지만, '유저'가 아닌 실제 물리적 세상을 살아가는 '인간'을 고려하지 않으면 그 무엇도 성공할 수 없다.

최첨단 기술 진보의 시대에도 여전히 우리는 사회적 동물로서의 본성을 저버리지 못한다. 따라서 소비자를 제대로 이해하길 원한다면 인공지능과 big data가 채운 반쪽짜리 진실에 만족할 것이 아니라 인류학적 시각과 thick data를 무기 삼아 인간 본성의 탐구를 계속해야만 한다. 소비자 중심으로 사고하는 문화 상대주의, 소비자가 처한 일상의 맥락에 주목하는 총체적 접근법, 소비자의 민낯을 들여다보기 위한 참여관찰은 여전히 우리에게 유용한 도구가 돼 줄 것이다. 또한 소비자에 관한 가장 강력한 통찰을 얻으려면 '무엇이 얼마나'가 아니라 '왜'에 주목해야 한다는 사실에도 변함이 없을 것이다. '왜'에 대한 답을 얻으려면 THICK 프레임워크에 따라 초보자의 마음으로 낯섦을 관대하게 받아들이기Tolerance, 소비자의 숨은 욕구Hidden Desire 파악하기, 극단적인 소비자와 나만의 자문단Informants 을 활용하기, 사회문화적 맥락Context 을 총체적으로 고려하기, 소비자에게 공감하기Kindred Spirit 등의 방법으로 정교한 thick data를 수집해야 한다. 바로 이것이 21세기에도 우리에게 여전히 인류학이 유용한 이유이며 인공지능과 big data가 아닌 바로 우리 자신, 인간에게 희망과 기대를 걸게 되는 이유다.

이 책을 쓸 때
참고한 글, 도서, 웹사이트

PART 1 소비자를 이해하는 정교한 렌즈, 인류학

01 비즈니스 이면을 들여다보는 인류학적 시각

- 맥킨지에 근무하는 인류학자의 수에 관해서는 조지 앤더스George Anders 가 쓴 책《왜 인문학적 감각인가You Can Do Anything: The Surprising Power of a "Useless" Liberal Arts Education》(사이)를 참고했다.

- "인류학은 인류학자에게만 맡기기엔 너무 중요하다"라는 말은 그랜트 맥크래켄이 '2008 Gain Conference'(aiga.org)에서 말한 내용에서 따 왔다. 디자이너들을 위한 이 연설에서 그는 인류학이 디자이너의 핵심 역 량이 돼야 한다고 강조하면서 그 이유로 인류학은 인류학자들에게만 맡 기기에는 너무 중요하기 때문이라고 말한다.

- '개인 투자자는 왜 실패에도 불구하고 계속 투자를 하는가'라는 논문에 대해서는 〈중앙일보〉 2020년 7월 7일 기사 '인류학 논문이 왜 거기서 나 와? 주식방 화제의 논문 김수현 씨'를 참고했다. 이 논문은 이후《개미는 왜 실패에도 불구하고 계속 투자하는가?》(민음사)라는 제목의 단행본으 로 출간됐다.

02 문화 상대주의: 소비자 중심으로 사고하라

- 움베르토 에코의 브리지트 바르도에 관한 언급은 현재는 폐간된 계간지

〈세계의 문학〉 2002년 여름호 특별 기획 '김성도-움베르토 에코와의 대담'에 실려 있다.

- 인도의 음식 문화는 마빈 해리스가 쓴 책《음식 문화의 수수께끼》(한길사)를 참고했다.

- 클라우스 베헤게의 인터뷰 내용은 〈조선일보〉 2022년 9월 19일 기사 '"전 세계서 통할 거란 생각 버려" 실리콘밸리 대사의 스타트업 필승 비결'을 참고했다.

- 박찬욱 감독의 코멘트는 〈한국경제〉 2022년 5월 29일 기사 '외신 "K무비 역동적"…박찬욱 "까다로운 한국 관객 더분"'을 참고했다.

03 총체적 접근 : 소비자는 숫자가 아니라 일상에 존재한다

- 클리퍼드 기어츠가 쓴 글 '심층 놀이 : 발리의 닭싸움에 관한 기록들'은《문화의 해석》(까치)에 실려 있다.

- T자형 인재에 대한 톰 켈리의 코멘트는 베른 부르크하르트Vern Burkhardt와의 대담을 담은 글 'Design Thinking for Innovation'(ideaconnection.com)에서 따왔다.

- '벌레의 눈'과 '새의 눈'에 관한 부분은 질리언 테트의《알고 있다는 착각》(어크로스)을 참고했다.

- 미래의 경리를 언급한 문장은 정서경 작가의 tvN 드라마 〈작은 아씨들〉

2화, 극중 인물 진화영의 대사 일부에서 따왔다.

04 참여관찰 : 소비자는 합리적이지 않다

- 크리스티안 마두스베르그와 미켈 B. 라스무센이 쓴 칼럼 제목은 'An Anthropologist Walks into a Bar…'(hbr.org)다.

- "인류학은 아마존 밀림만큼 아마존 창고를 이해하는 데도 유용하다"는 질리언 테트의 코멘트는《알고 있다는 착각》(어크로스)에서 따왔다.

- 과학기술학 연구자 임소연이 쓴 책은《나는 어떻게 성형 미인이 되었나》(돌베개)다.

- 컨설팅 회사 인바이로셀의 조사 방법은 파코 언더힐이 쓴 책《쇼핑의 과학》(세종서적)을 참고했다.

- 스타벅스 사이렌오더의 누적 주문 건수에 관해서는 〈중기이코노미〉 2022년 6월 24일 기사 '맛보다 업로드 재미 빠져 웃돈 주고 물건 산다'를 참고했다.

PART 2 Big data가 모르는 진실을 Thick data는 안다

01 비즈니스 통찰은 Big data가 아닌 Thick data에서 나온다

- 트리시아 왕의 thick data에 대한 통찰은 그가 쓴 글 'Why Big Data Needs Thick Data'(medium.com)와 그가 출연한 TED 강연 'The human insights missing from big data'를 참고했다.
- 클리퍼드 기어츠의 '중층 기술 : 해석적 문화 이론을 향하여'라는 글은 《문화의 해석》(까치)에 실려 있다.

02 Thick data는 우리에게 무엇을 줄 수 있을까

- 그랜트 맥크래켄과 넷플릭스의 협업은 《매거진B 49호 넷플릭스 편》, 에밀리 스틸Emily Steel의 글 'Those Dreaded Spoilers That Can Torpedo Dramatic Plot Take On a New Meaning'(뉴욕타임스), 파블로 몬드래건 발레로Pablo Mondragon Valero의 글 'How Thick Data changed Netflix'(blog.antropologia2-0.com)를 참고했다.
- TV GOT BETTER 캠페인은 그랜트 맥크래켄의 글 'how we got from bingeing to feasting'(grant27.medium.com)을 참고했다.
- 그랜트 맥크래켄의 넷플릭스 연구에 관한 비판은 제이콥 브로건Jacob Brogan의 글 'The Case of the Ornamental Anthropologist'(slate.com)를 참고했다.
- 크리스티안 마두스베르그와 미켈 B. 라스무센의 인터뷰는 〈조선비즈〉 2014년 11월 '경영, 철학에 한 수 배우다'에 실렸다.

- ReD가 레고, 아디다스와 한 협업에 관해서는 ReD의 공동 대표 2인이 공저한 책《우리는 무엇을 하는 회사인가?》(타임비즈)를 참고했다.
- 아이디오의 디자인 사례는 데이비드 켈리와 톰 켈리가 공저한 책《아이디오는 어떻게 디자인하는가》(유엑스리뷰)를 참고했다.

03 Thick data를 얻기 위한 THICK 프레임워크
- 얀 칩체이스의 리서치 방식은 그와 사이먼 슈타인하트가 공저한 책《관찰의 힘》(위너스북)을 참고했다.
- 아이디오와 질리스의 협업에 관해서는 데이비드 켈리, 톰 켈리가 공저한 책《아이디오는 어떻게 디자인하는가》(유엑스리뷰)를 참고했다.
- 스위퍼 개발 과정에 관해서는 이에 직접 참여한 미국의 디자인 컨설팅 기업 컨티뉴Continuum의 홈페이지(continuuminnovation.com) 'PROCTER & GAMBLE: SWIFFER' 항목과 제네비브 콜맨Genevieve Colman의 글 'Get Better Customer Insights: How Anthropology Can Guide Product Design'(zapier.com)을 참고했다.
- 루스 베네딕트의《국화와 칼》의 첫 문장은 을유문화사가 출판한 책에서 따왔다.
- 인류학자들이 고거트 개발에 참여한 과정, 노스텍사스대학교 인류학과 학생들의 운전자 관찰 결과에는 제네비브 콜맨이 쓴 글 'Get

Better Customer Insights: How Anthropology Can Guide Product Design'(zapier.com)을 참고했다.

- 전화 여론 조사와 실제 관찰 결과와의 차이는 〈노컷뉴스〉 2007년 9월 19일 기사 '화장실에서 손 안 씻는 미국 남성들이 늘고 있다'를 참고했다.
- 인공지능과 맥락에 관해서는 모텐 H. 크리스티안센과 닉 채터가 공저한 책《진화하는 언어》(웨일북)를 참고했다.
- P&G의 액상 세제 용기 디자인에 관해서는 찰스 L. 데커의 책《P&G의 이기는 마케팅 99》(김앤김북스)를 참고했다.
- 인류학자 클리퍼드 기어츠가 발리 주민들의 마음을 연 방법은 기어츠가 쓴《문화의 해석》(까치)에 실린 글 '심층 놀이 : 발리의 닭싸움에 관한 기록들'을 참고했다.

PART 3 Thick data로 어떻게 비즈니스 기회를 발견하는가

01 소비자는 진실을 말하지 않는다

- 아이패드가 세상에 첫선을 보인 날의 소비자 반응은 SBS 뉴스 2010년 1월 29일 기사 '아이패드, 요란한 등장… 미 시장 반응 시큰둥'을 참고했다.

- 스티브 잡스가 소비자 조사에 대해 한 말은 월터 아이작슨이 쓴 스티브 잡스의 공식 전기 《스티브 잡스》(민음사)에서 따왔다.
- 콜로플라스트의 사례는 크리스티안 마두스베르그와 미켈 B. 라스무센이 공저한 책 《우리는 무엇을 하는 회사인가》(타임비즈)를 참고했다.

02 최종 소비자를 만나면 새로운 기회가 보인다
- 임브레이스의 인펀트 워머에 관해서는 데이비드 켈리와 톰 켈리가 공저한 책 《아이디오는 어떻게 디자인하는가?》(유엑스리뷰)를 참고했다.

03 소비자는 물건이 아니라 자부심을 산다
- 할리데이비슨과 브랜드 커뮤니티는 가브리엘 산티아고 주라도 곤잘레스Gabriel Santiago Jurado Gonzalez가 쓴 글 'What are Brand commu nities?'(blog.antropologia2-0.com)와 'Brand love or emotional relationships with brands'(blog.antropologia2-0.com), 'Objects, brands and people: between kites and Harley Davidson drivers'(blog.antropologia2-0.com)를 참고했다.
- 할리데이비슨의 홍보 전략은 클라이드 페슬러가 쓴 책 《최고 브랜드는 어떻게 만들어지는가》(한국CEO연구소)를 참고했다.

04 소비자 중심의 마인드셋은 기업문화에서 시작된다

- 익숙함과 안전함에 대한 부분은 수전 데이비드가 쓴 《감정이라는 무기》(북하우스)에서 따왔다.

- 넛지에 관해서는 리처드 탈러와 캐스 선스타인이 공저한 책 《넛지: 파이널 에디션(Nudge: The Final Edition)》(리더스북)을 참고했다.

05 Thick data를 이끌어 내는 내부 역량은 어떻게 만들어지는가

- LG전자의 별도 프로젝트팀과 CIC는 〈매일경제〉 2022년 4월 27일 기사 '틱운·스탠바이미…LG전자 혁신 비결은 CIC'를 참고했다.

06 다양성을 받아들여야 미래가 나의 것이 된다

- 엔터테인먼트 분야로 진출하는 유통업계에 관한 내용은 〈머니투데이〉 2022년 3월 9일 기사 '뒷광고보다 효과적이라는 콘텐츠 커머스… 인기엔 이유 있다'를 참고했다.

07 챗GPT 시대에도 우리는 여전히 원시인이다

- 빅테크들의 메타버스 관련 산업 축소 현상은 〈동아일보〉 2023년 2월 22일 기사 '허우적대는 메타버스, 설마 이대로 끝나나요?'를 참고했다.

- 감각적 몰입과 사회적 몰입의 차이는 톰 보엘스토프가 쓴 글 'The

metaverse isn't here yet, but it already has a long history'를 참고했다.

- 하이네켄의 버추얼 맥주에 관해서는 〈AI타임즈〉 2022년 3월 21일 기사 '메타버스에서 맥주 시음회 가진 하이네켄, 그 속내는?'을 참고했다.

- KPR 인사이트 트리의 조사 결과는 〈디지틀조선일보〉 2023년 1월 23일 기사 '직장인, 이직·퇴사 요인은 '근무환경'…복리후생·연봉 관심은 감소'를 참고했다.

- 대면 회의에 대한 톰 켈리의 코멘트는 베른 부르크하르트와의 대담을 담은 글 'Design Thinking for Innovation'(ideaconnection.com)을 참고했다.

- 페이스북과 파충류의 뇌는 클로테르 라파이유와 안드레스 로머가 공저한 책《왜 그들이 이기는가》(와이즈베리)를 참고했다.

- 폴 매클린의 삼위일체 뇌 모형과 그 비판은 리사 펠드먼 배럿Lisa Feldman Barrett이 지은 책《이토록 뜻밖의 뇌과학Seven and a Half Lessons》(더퀘스트)을 참고했다.

- 청소년과 SNS에 관해서는 대너 보이드가 쓴 책《소셜시대 십대는 소통한다》(처음북스)를 참고했다.

- 기술 진보와 사랑의 형태에 관한 헬렌 피셔의 의견은 그가 출연한 TED 강연 'Technology hasn't changed love. Here's why'를 참고했다.

정말 인간이 숫자와 데이터로 전체를 설명할 수 있는 존재인가?
우리는 아니라고 생각한다.
숫자로 나타난 정보는 사람의 부분일 뿐
이를 아무리 조합해도 완벽한 한 사람을 만들어 낼 수는 없다.

크리스티안 마두스베르그와 미켈 B. 라스무센(ReD 공동대표)

THICK
data
빅 데이터도 모르는 인간의 숨은 욕망

초판 1쇄 발행 2023년 7월 17일
초판 4쇄 발행 2024년 5월 17일
지은이 백영재
펴낸이 배민수, 이진영
기획·편집 밀리&셸리
마케팅 태리
펴낸곳 테라코타　　**출판등록** 2023년 1월 13일 제2024-000068호
주소 서울특별시 마포구 어울마당로 130 기린빌딩 3층 3604호
메일 terracotta_book@naver.com
인스타그램 @terracotta_book